Gerd K. Schneider

Wie kommen die Augen in der Schleppe des Pfaus & Woher kommen Kinder

Gerd K. Schneider

Wie kommen die Augen in der Schleppe des Pfaus & Woher kommen Kinder

Hakodesh Press

Imprint

Cover image: www.ingimage.com

Publisher:
Hakodesh Press
is a trademark of
International Book Market Service Ltd., member of OmniScriptum Publishing Group
17 Meldrum Street, Beau Bassin 71504, Mauritius

Printed at: see last page
ISBN: 978-620-2-45519-0

Inhalt

Teil I (a)

Eine Rückkehr in das klassische Rom

Der Professor und seine Erfindung

„Was ist denn das für ein Lärm? Die Geräusche machen mich ganz verrückt. Kann mir jemand sagen, was da auf dem Nachbargrundstück passiert? Der Lärm ist ja kaum auszuhalten“. Der das gesagt hatte, blickte fragend in die Runde. Die anderen schüttelten nur den Kopf und waren genauso ahnungslos wie er. Auch Helena, die gerade ein großes Stück von ihrem Geburtstagskuchen abschnitt, hatte keine Antwort. Sie hatte sich doch so sehr auf diesen Tag gefreut, den sie mit ihren Freunden feierlich begehen wollte, denn dies war kein gewöhnlicher Geburtstag, sondern ein ganz besonderer. Der Grund war: Sie trat in eine neue Phase ihres Lebens ein – sie wurde heute vierzehn Jahre alt. Sie war jetzt dem Gesetz nach also kein Kind mehr, sondern eine Jugendliche, also eine Person. Vorher war sie vielleicht nur ein Persönchen. Und dieses Ereignis musste gefeiert werden.

Helena hatte mit Erlaubnis ihrer Eltern ihre Freunde eingeladen. Da war zuerst Schmuddelfink. Auf dem Taufschein war zwar der Name Peter eingetragen, und er wurde aber auch manchmal der schwarze Peter genannt, denn er hatte immer das Pech hinzufallen, oder auch alles fallen zu lassen. Dann gab es Helga Schmidt, aber sie wurde von allen Frl. Baldanders genannt, denn sie war meistens recht launisch, und sie wechselte ihre Meinung je nach Stimmung und jede Stimmung nach ihrer Meinung. Helenas bester Freund war Eule, der immer das Wichtigste im Leben wusste, zum Beispiel, wann es *Supernatural* oder *Star Wars* im Fernsehen gab, wo man die besten und billigsten Pommes und die beste Currywurst kaufen konnte, und welche Eisdiele das beste Eis hatte. Er wurde wegen seines Wissens von allen seinen Klassenkameraden hoch geschätzt.

Ja, und dann gab es noch jemand, den ich fast vergessen hätte: Heupferd. Das Pferd in seinem Namen erklärte sich durch sein Lachen, denn, wenn er lachte, und er lachte bei fast jeder Gelegenheit, wieherte er wie ein Pferd. Und Heu kam von den Karnickeln. Seine Eltern hielten zwei Kaninchen, die er jeden Tag mit Heu füttern musste, und mit der Zeit roch er wie das Futter. Und er wusch sich nur selten, also nur dann, wenn seine Eltern es ihm dreimal gesagt hatten, denn er war recht umweltbewusst und wollte Wasser sparen. Er war nur schüchtern, wenn Helena in der Nähe war. Sah er sie, dann schaute er auf den Boden, wurde rot, und sagte kein Wort. Er hoffte immer auf eine gute Gelegenheit, sie zu fragen, ob sie mit ihm ins Kino gehen möchte, aber sein Mut verließ ihn vollkommen, wenn er sie sah.

Der Lärm auf dem Nachbargrundstück dauerte an. Das war sehr störend, denn man unterhielt sich gerade über die neuen Apple-Produkte, das neue iPhone und das neue iPad, in das man wunderbare Spiele übertragen konnte. Aber das Schlagen, Klopfen, Hämmern, Bohren und Kreischen der Säge machten es fast unmöglich, einander zu verstehen. Außerdem wuchs die Neugier mit jeder Minute, denn jeder wollte wissen, was da eigentlich passierte. Schmuddelfink kletterte auf einen großen Apfelbaum und wollte hinüberschauen. Das gelang ihm jedoch nicht, denn kaum war er oben, fiel er wieder herunter. Eule machte es besser; er kletterte vorsichtig von Ast zu Ast hoch, um einen Blick über den Zaun werfen zu können. Dann kam er wieder herunter und erzählte den anderen, was er gesehen hatte: Ein älterer Mann arbeitete in einem Schuppen, dessen Tür offen stand. Allerdings, was er da tat, war ihm und den anderen ein Rätsel. Einer nach dem andern, auch Schmuddelfink, unternahm einen zweiten Versuch und kletterte in die Höhe, um herauszufinden, woran der Mann arbeitete. Dieser aber hatte schon längst bemerkt, dass er ausspioniert wurde, und er winkte die gesamte Bande zu sich.

Der Mann war nicht mehr der Jüngste, und er schien die Schwelle zum Alter schon mit einem Bein überschritten zu haben. Aber er sah intelligent aus; er trug eine große schwarze Hornbrille auf seiner Nase, und Schmuddelfink dachte immer, dass Leute mit solchen Brillen hoch intelligent sein mussten, denn Brille und Bildung beginnen ja mit dem Buchstaben B. Das Ihn-Anstarren dauerte jedoch nicht lange, und Helena war die erste, die ihn nach dem Sinn seiner Arbeit fragte. Der Mann sagte ihnen, sie sollten in den Schuppen kommen, und da sahen sie etwas, was sie noch nie in ihrem Leben gesehen hatten.

Eine Art Auto, aber ohne Räder. Es gab viele Schalter, Knöpfe und Hebel, die in verschiedenen Farben leuchteten. In der Mitte des Armaturenbretts mit Frontplatte und Leuchtkasten waren zwei große Uhren angebracht; die eine lief vorwärts, die andere rückwärts. Auf ihre Frage, was dieses ungewöhnliche Auto eigentlich sei, erwiderte der Mann: „Das ist eine Zeitmaschine, und man kann mit ihr in die Vergangenheit fliegen. Viele Jahre lang hatte man es für unmöglich gehalten, in die Vergangenheit zurück zu fliegen, aber mit der Überwindung der Zeidilation wurde das Unmögliche möglich. Und warum nicht? Vieles, was in den Science-Fiction Büchern steht, ist heute doch schon Realität.

Nun zurück zu meiner Erfindung. Diese beiden Uhren zeigen die Zeitdilation an, also die Dehnbarkeit der Zeit, denn Zeit ist keine absolute Größe, sondern sie ist relativ zum Beobachter. Man muss nur die rückwärtslaufende Uhr auf das richtige Jahrhundert einstellen und dann können zwei verschiedene Ereignisse, die auch zeitlich weit auseinanderliegen, zusammenfallen“.

Alle glaubten jetzt, dass der Mann verrückt sei, sagten aber aus Höflichkeit nur: „Also so ist es“. Nur Helena fragte, was der Alte früher gemacht habe, denn alles kam ihr recht merkwürdig vor. Der Alte lächelte und beantwortete ihre Frage. Er habe jahrelang im Max-Planck-Institut in Leipzig gearbeitet und nach seiner Emeritierung seine Forschungen hier fortgesetzt. Die Zeitmaschine sei das Resultat langjährigen Bemühens. Jetzt erinnerte sich Eule daran, vor einiger Zeit in der Zeitung einen Artikel über Professor Burmeister gelesen zu haben, in dem dieser über das Projekt der Zeit-Raum-Überwindung geschrieben habe. Der Alte lächelte und sagte, das sei sein Name. Dann erklärte der Mann sein Vorhaben.

Er erzählte, dass er Stephen Hawkings, den kürzlich verstorbenen berühmten englischen Physiker und Kosmologen, auf einer Konferenz im Vatikan kennengelernt habe. Dort habe Hawkins gesagt, dass wir nicht nur in den drei Dimensionen von Weite, Länge und Höhe leben. Wir können uns die 3-D, oder die drei Dimensionen, erklären, wenn wir wandern. Gehen wir auf einer geraden Straße, befinden wir uns in der Dimension der Länge. Biegen wir rechts oder links ab, befinden wir uns in der zweiten Dimension der Breite, und besteigen wir einen Berg, so tun wir das in der dritten Dimension der Höhe. Aber dann halte er es für möglich, dass es eine vierte Dimension gebe, die

Dimension der Zeit, denn unser ganzes Leben spiele sich ja in der Zeit ab. Und die Zeit ist keine allgemein gültige, also absolute Größe, sondern sie ist relativ. Wenn jemand um 18:00 Uhr von New York nach Berlin fliegt und der Flug dauert acht Stunden, so kommt er nicht am nächsten Tag um 2:00 in der Früh in Berlin an, sondern um 8:00 Uhr.

Nun träumte die Menschheit schon seit vielen Jahrzehnten von einer Zeitmaschine, die einen erheblichen Energieantrieb aufweisen muss, um sie durch das Weltall zu befördern. Diese Maschine müsste sehr schnell fliegen, um unser Planetensystem zu verlassen – also schneller als Lichtgeschwindigkeit. Er, Stephen Hawkings, halte das jedoch für Science-Fiction, die den Naturgesetzen widerspreche. Allerdings sei es möglich, meinte er, dass wir mit einer Zeitmaschine Vergangenes erreichen können, wenn wir etwa davon ausgehen, dass das Universum nicht linear, sondern gekrümmt sei und auch rotiere. Das ist dann der Fall, wenn das Universum einen Kreis bildet. Außerdem sei das Universum mit „Wurmlöchern" gespickt, in denen der Anfang und das Ende zusammenfallen. Ein Wurmloch ist wie ein Apfel, in dem ein Wurm sich durchgefressen hat, sodass der Apfel einen Tunnel hat, der beide Öffnungen verbindet. Dieser Tunnel erlaubt uns, die Zeit zu überbrücken, also ohne Zeitverlust von der Gegenwart in die Vergangenheit zu gelangen. Diese „Wurmlöcher" sind nicht nur im Universum zu finden, sondern sie existieren auch um uns herum. Man denke an eine Gerade, die eine unendliche Anzahl von Punkten aufweist, aber zwischen jedem Punkt befindet sich ein Mini-Zwischenraum. Nichts ist flach auf unserer Erde, es scheint nur so. Alles, was auf unserer Erde existiert, hat Falten, Krümmungen, Mini-Nischen und Leerstellen. Allerdings sind sie so klein, dass man sie übersieht. Und dieselben Unebenheiten finden wir auch in der vierten Dimension, der Dimension der Zeit. Zudem sind diese Wurmlöcher oder Zeittunnel schon theoretisch möglich gemacht durch Einsteins Relativitätstheorie. Meine Maschine kann durch ein solches Loch fliegen und uns in die vergangene Zeit zurückbringen. Warum sollte es nicht auch möglich sein, ein solches Wurmloch so zu vergrößern, dass es eine Zeitmaschine durchlässt? Damit wären zwei Orte im Universum ohne Zeitverlust verbunden.

Der Professor lächelte, schaute die Kinder an, ob sie ihm gefolgt waren, und als er sah, dass sie nachdenklich waren, fuhr er fort: „Die Lichtgeschwindigkeit beträgt etwa 300.000 km/s. Da ich davon ausgehe, dass alles, was auf unserer Erde passiert, durch das Licht in den Weltraum geschleudert wird, könnte man versuchen, es dort wiederzufinden, denn nichts, auch keine Energie, geht jemals ganz verloren. Sie kann zwar in andere Energieformen umgewandelt werden, wie zum Beispiel Wärme, aber sie kann niemals ganz verloren gehen. Sollte das Universum jedoch geradlinig und offen sein, dann ist ein Geschehen so weit entfernt, dass man es nicht mehr erreichen kann. Da das Universum jedoch gekrümmt ist, ist es bedeutend einfacher und schneller, jeden Punkt in der Vergangenheit anzusteuern. Und zu diesem Zweck habe ich diese Zeitmaschine konstruiert".

„Aber das ist nur ein Teil meiner Arbeit. Was nützt es, wenn ich etwas sehen kann, was vor vielen Jahrhunderten oder Jahrtauenden auf dieser Erde passiert ist, aber keinen Ton hören kann, wenn etwas gesprochen worden ist. Daher habe ich eine Maschine konstruiert, die in der Lage ist, den Ton von etwas Gesprochenem einzufangen. Das war bedeutend einfacher, als zu dem Visuellen zu gelangen, denn der Schall breitet sich bedeutend langsamer aus als das Licht, genauer gesagt 343,2 m/s. Aber das ist euch ja bekannt, denn während eines Gewitters sieht man zuerst den Blitz, erst dann nimmt man den Donner wahr. Ihr habt bestimmt auch gelernt, daraus die Nähe des Gewitters herauszufinden. Wenn ihr nach dem Blitz die Sekunden zählt, bis es donnert, wisst ihr, wie weit das Gewitter entfernt ist. So, das ist das Geheimnis dieser Zeitmaschine, mit der man in die Vergangenheit fliegen kann, und dieser Schalter aktiviert die Schallgeschwindigkeit. Wenn man Licht und Schallgeschwindigkeit zusammen berechnet, kann man sehen und hören, was in der Vergangenheit gesprochen und passiert ist".

Die Kinder hörten andächtig zu, wussten aber nicht recht, ob das alles stimmte. Helena war wieder die erste, die sich zu Wort meldete. „Da wir gerade in der Schule über das klassische Rom sprechen", sagte sie zögernd, „wäre es denn möglich, auch dorthin zu reisen? Wir haben gehört, dass Rom schon unter den Etruskern eine Hochkultur hatte. Die Aquädukte, die das Wasser aus einer Entfernung von über hundert km in die Stadt leiteten, die Thermen sowie die Abwasserleitungen, die Kloaken, sind heute noch zu sehen. Die Reichen hatten sogar Toiletten mit Wasserspülung. Wichtig war auch die Rechtsprechung, die Europa bis heute beeinflusst. Alles in allem war Rom eine große Kulturstadt". Daraufhin sagte Eule: „In meiner Klasse besprechen wir gerade das klassische Griechenland und die wunderbaren Schöpfungen seiner Mythologie. Ich würde lieber nach Athen reisen als nach Rom“. Der Professor hörte sich das lächelnd an und sagte: „Das sind zwei gute Orte. Ich schlage vor, wir besuchen beide. Zuerst reisen wir nach Rom und schauen uns dort um, dann steigen wir wieder in unser Zeitmobil und reisen nach Athen. Dann könnt ihr selbst herausfinden, ob das auch alles stimmt, was in euren Büchern geschrieben steht“. Dieser Vorschlag fand die Zustimmung aller Kinder, die es kaum erwarten konnten, diese Reise anzutreten. Der Professor entließ sie mit dem Hinweis: „Na, dann kommt alle nach dem Abendessen zu mir. Ihr könnt ja euren Eltern sagen, dass ihr noch ein bisschen im Garten spielen wollt“.

Rom: hic adventamus, oder Hier kommen wir

Punkt 20:00 Uhr waren alle im Garten versammelt. Der Professor erwartete sie schon, öffnete die Tür zum Schuppen und bat sie einzutreten. „Nehmt bitte Platz und legt den Sitzgurt an, denn es könnte sein, dass wir in eine *time warp*, eine Zeitschleife, geraten“. Der Alte setzte sich an das Steuer und sagte lächelnd: „Ich bin zwar schon alt, aber wie ein altes indochinesisches Sprichwort sagt: ‚Das Alter ist das Abendrot des Himmels‘, und genau da hin wollen wir.“ Er bediente ein paar Hebel, stellte die Uhr ein, das Armaturenbrett leuchtete in allen Farben, und dann gab es plötzlich einen Ruck, so dass alle froh waren, sich angeschnallt zu haben.

„Was ist passiert“, fragte Schmuddelfink, der von allen am aufgeregtesten war. „Ja, es hätte beinahe einen Unfall gegeben. Stellt euch vor, wir sind mitten auf der Rennbahn des Circus Maximus in Rom gelandet, in dem gerade Rennen stattfinden. Der Circus Maximus hat eine Gesamtlänge von 600 m und eine Breite von 140 m. Zur Zeit des Augustus hatten dort 150.000 Zuschauer Platz. Ein Zusammenstoßen von Wagen ist deshalb sehr selten, aber wir nehmen ja offiziell am Rennen gar nicht teil. Gott sei Dank ist nichts weiter passiert. Vorsichtshalber hatte ich in meiner Maschine einen *Collision Prevention Assist* eingebaut. Meine Maschine stoppt sofort, wenn sie ein Hindernis wahrnimmt. Ich hätte das voraussehen sollen – aber wie es so schön in einem lateinischen Sprichwort heißt: *errare humanum est*, oder Irren ist menschlich“.

„So, jetzt sind wir in Rom, einer Stadt, von der Goethe einmal geschrieben hat: ‚O wie fühl‘ ich in Rom mich so froh!‘“, sagte der Alte. „Alle aussteigen, bitte! Wir sind jetzt in Rom zur Zeit des Imperators Augustus“.

Aber ehe die Kinder ausstiegen, hatte der Professor noch einige Instruktionen. „Ich weiß nicht genau, in welchem Jahr wir in Rom gelandet sind; gewiss ist nur, dass es zur Zeit des Kaisers Augustus ist. Wie einige von euch wissen, wurde Julius Caesar 44 v. Chr. ermordet. Danach gab es Machtkämpfe um die Vorherrschaft. Caesars Großneffe Octavian schlug seinen Rivalen Marcus Antonius und die Streitkräfte Kleopatras VII. im Jahr 31 v. Chr. in der Schlacht bei Actium. Er brachte nicht nur die Schätze aus Kleopatras Schatzkammer mit nach Rom, sondern auch viele Beutestücke aus Ägypten. Einige von ihnen sind hier auf dem Forum ausgestellt, die ihr euch anschauen könnt, darunter diesen Obelisken". Die Kinder hörten nur am Rande zu, denn sie waren zu aufgeregt; kaum war die Wagentür auf, liefen sie auf die Straße, die zum Forum führte.

Dort sahen sie eine große Ansammlung von Menschen, vor allem Kinder in ihrem Alter, die sich um einen alten, bärtigen Mann drängten, der mit gekreuzten Beinen neben einer Schildkröte saß. Der Professor erklärte: „Das ist ein freigelassener Sklave, der Andropoulos heißt. Er kommt aus Griechenland, wo er an der Akademie gelehrt hat. Er lebte viele Jahre als Sklave in Rom, verdiente sich daneben Geld mit Nachhilfeunterricht im Griechischen sowie im Lesen und Interpretieren der alten Schriften, und hatte dann Geld genug, um sich freizukaufen. Er ist sehr bewandert in den griechischen Mythen und auch in den Varianten, die Ovid hinzugefügt hat. Hören wir uns doch an, was er zu sagen hat. Hängt euch dieses kleine Gerät um, das so klein ist, dass andere es nicht bemerken. Es ist ein ‚instant translator', entwickelt von Google. Wenn ihr es anschaltet, könnt ihr alles verstehen, was gesprochen wird. Er übersetzt eure Gedanken in die Landessprache". Und so hörten die Kinder die Geschichte von Echo und Narzissus.

Echo, Narzissus und Hyacinthus: Tragödien der Beziehungen

„Echo war eine schöne Nymphe. Sie lebte im Kithairon, einem Gebirge zwischen Böotien und Attika. Ihr habt vielleicht schon davon gehört, denn dort führte der Gott Dionysos mit seinen Bacchantinnen wilde Tänze auf. Diese Nymphen waren ständige Begleiterinnen der Göttin Diana, im Griechischen Artemis, der Göttin der Jagd, der Geburt, und die Beschützerin von Frauen und Mädchen".

Hier machte der Erzähler eine Pause, schaute in die Menge und sagte dann, dass er etwas Wichtiges vergessen habe. Er zog aus einer Truhe ein Tongefäß hervor und stellte es neben sich. Dann legte er ein kleines Geldstück hinein und hob seine Hände gegen den Himmel: „Habt Erbarmen mit mir, ihr Götter und Göttinnen, und lasst das Geldstück nicht als Waise allein“. Einige Erwachsene, die sich zu den Kindern gesellt hatten, verstanden diese Aufforderung, gingen zu ihm hin und warfen ein paar Denarmünzen in das Gefäß. Der Erzähler dankte und fuhr dann in seiner Geschichte fort.

„Echo hatte eine wunderschöne Stimme, und sie war in ihre Stimme sehr verliebt. Hera, die Gemahlin des obersten Gottes Zeus, oder bei uns Jupiter, hörte sie und engagierte sie als Vorleserin. Echo aber wusste, dass Zeus diese Zeit nutzte, um sich bei den anderen Nymphen zu vergnügen. Als Hera jedoch herausfand, dass Echo diese Liebschaften ihres Göttergatten begünstigte, war sie so erbost, dass sie Echo aus dem Olymp verbannte. Sie bestrafte sie auch damit, dass sie nur die letzten paar Worte einer an sie gerichteten Frage oder eines Rufes wiederholen konnte. Und so lebte Echo allein in den Bergen“.

„Eines Tages sah die anmutige Echo eine Gruppe von Jägern, die im Gebirge jagten. Einer von ihnen war der schöne sechzehnjährige Narzissus, der Sohn des Flussgottes Kephisos und der Wassernymphe Liriope, der sehr von sich eingenommen war, denn er glaubte, dass kein anderer auf der Erde ihm das Wasser reichen könne. Die Eltern hatten Angst um ihren Sohn, denn er war sehr hübsch, und er wurde von allen wegen seiner Schönheit geliebt. Sie gingen zu Teiresias, dem blinden Seher, und fragten ihn um seine Meinung. Dieser sagte den Eltern, dass der Junge nur dann ein langes Leben haben würde, wenn er sich nicht selbst erkenne. Als Echo ihn auf der Jagd sah, verliebte sie sich sofort in ihn. Als sie auf ihn zuging, war Narzissus sehr erstaunt, denn auch sie war äußerst hübsch. Er fragte sie: ‚Wie heißt du?‘. Sie antwortete: ‚Wie heißt du?‘. Narzissus glaubte, das sei ein Spiel, und stellte dieselbe Frage noch einmal, erhielt aber erneut dieselbe Antwort. Als sie ihn umarmen wollte, sagte er wütend: ‚Lass das, ich will von keiner Frau umarmt werden, die so dumm ist wie du‘. Weinend entfernte sich Echo. Nemesis, die Göttin der Rache, war so erbost darüber, dass Narzissus Echos Liebe nicht erwiderte, und sie bestrafte ihn mit unstillbarer Selbstliebe. Als Narzissus durstig war und an einem Teich kam, beugte er sich, um etwas zu trinken. Da trafen ihn die Pfeile von Eros oder Amor mitten in sein Herz. Als er sein Spiegelbild im Wasser sah, verliebte er sich in dieses Bild, versuchte es zu umarmen und ertrank dabei. So wurde Narzissus bestraft, der keinen anderen lieben konnte,als nur sich selbst. Echo war in der Nähe, hörte seine letzten Worte und sagte: ‚Ach, du hoffnungsloslos geliebter Knabe, lebe wohl!'. Statt seiner Leiche fanden die Baumgeister der Eichbäume, die Dryden, eine schöne Narzisse, die einen betäubenden Duft ausströmte. Wie ihr alle wisst, ist die Narzisse, die aus dem Blut des Narzissus hervorging, die Blume der Unterwelt, und ihr könnt sie auch hier, gleich nebenan, auf den zum Verkauf angebotenen Grabsteinen sehen. Auch Echo starb bald danach. Nur ihre Stimme lebt weiter. Man kann sie in den Bergen hören, wo sie die letzten Worte eines Rufes zum Wanderer zurückkehren lässt".

Die Kinder hatten dem Erzähler aufmerksam zugehört. Ein kleiner Junge fragte: „Ist diese Geschichte auch wahr?". Der alte Mann lachte und sagte: „Ich glaube schon. Vielleicht nicht im realen Sinne, aber doch gibt sie uns eine gewisse Wahrheit zu verstehen. Und die liegt doch auf der Hand, nicht wahr?". Auch Helena hatte aufmerksam die Ausführungen des Erzählers verfolgt. Sie dachte jetzt nach und errötete ein bisschen, denn sie musste daran denken, dass sie manchmal wie die Königin im Märchen vom Schneewittchen vor dem Spiegel stand und diesen fragte, wer die Schönste im ganzen Land sei. Sie hatte sich auch eine Krone aufgesetzt, allerdings nur eine Papierkrone. Jetzt beschloss sie, das nie wieder zu machen.

Später, als alle wieder zu Hause waren, fragte Helena nach dem Sinn dieses Mythos, den sie schon in ihrer Klasse behandelt hatte, als man Ovids *Metamorphosen* las. Der Professor lächelte und gab zur Antwort: „Ich habe mich selbst gefragt, warum Narzissus in einer Quelle den Tod gefunden hat. Ich glaube, die Griechen wollten wohl ausdrücken, dass Geburt und Tod, der Anfang und das Ende, mit einander verknüpft sind, denn die Eltern von Narzissus waren ja Geschöpfe des Wassers. Und auch wir glauben heute, dass das Wasser unser Ursprungsort war, und dass Lebewesen das Wasser verlassen hatten, um zusätzlichen Lebensraum außerhalb des Wassers zu finden". Helena nickte verständnisvoll und dachte, dass das wohl der Grund sei, weshalb sie gerne zum Schwimmen gehe.

Helena hatte noch eine andere Frage: „Aber ist nicht auch die Hyazinthe eine Todesblume? Ich habe mich immer gefragt, warum das so ist". „Das kann ich dir erklären, erwiderte der Professor. „Hyacinthus war in der griechischen Mythologie ein Jüngling von auffallender Schönheit, er war so schön, dass sich gleich zwei Gottheiten in ihn verliebten: Apollo und Zephyr, der Gott der Westwinde. Zephyr wurde eifersüchtig auf Apollo, und als dieser einmal beim Diskusspiel die Scheibe zu Hyacinthus warf, blies er, sodass die Scheibe den Jungen an der Schläfe traf und ihn tötete. Einige Tropfen Blut tropften auf die Erde, und Apollo ließ daraus eine Blume entstehen, die auf ihren glänzenden Laubblättern Blüten tragen, die einen süßlichen Duft ausströmen. Diese Blütenblätter tragen auf ihrer Rückseite die Buchstaben AI, den Klageruf der Griechen. Heute ist diese Frühlingsblume als Hyazinthe bekannt. Sie wird auch von einigen auf die Gräber gepflanzt, aber viele bewundern die Schönheit dieser Blume in ihren Gärten und in den Parks, wo sie als Vorboten des Frühlings betrachtet werden. Und so war es auch wahrscheinlich die Absicht von Apollo, der nicht wollte, dass die Schönheit des Jünglings Hyacinthus mit ihm starb, sondern für die Nachwelt erhalten blieb. Und nicht nur das. Auch der 11-jährige Mozart verewigte diesen Mythos in seinem zweiten Bühnenwerk *Apollo und Hyacinthos* aus dem Jahre 1767“.

Helena hatte aber auch noch eine andere Frage: „Wieso hatte der Erzähler eine Schildkröte bei sich? Ich finde es sehr merkwürdig“. Der Professor gab ihr bereitwillig Auskunft: „Als Zeus heiraten wollte, sah er Hera, eine sehr schöne Göttin. Er fragte sie, ob sie seine Gattin werden wollte. Hera akzeptierte, und es gab eine großartige Hochzeit im Olymp. Alle waren froh und glücklich, außer einer eifersüchtigen Nereide namens Chelone, die nicht zum Fest erscheinen wollte und sich der Einladung Heras widersetzte. Sie ging sehr langsam und kehrte immer wieder in ihr Haus zurück. Hera war so erbost, dass sie Chelone samt ihrem Haus in den Fluss warf, wo sie als Schildkröte lebte, ein Tier, das sein eigenes Haus trägt und das bei den Griechen auch heute noch Chelone heißt. Der Erzähler wollte wahrscheinlich den Anschein erwecken, dass er seine Zuhörer nicht täuschte und dass er mit seiner Geschichte die Götter nicht beleidigen wollte, so wie es Chelone getan hatte“.

Danach fragte der Erzähler die Kinder, welche Geschichte sie als letzte hören wollten. Die Mehrzahl der Kinder rief sofort: „Die Geschichte von dem Gott Eros oder Amor und der menschlichen Psyche, die jedoch Unsterblichkeit errang“. Der Erzähler lächelte und begann:

Eros und Psyche: Wenn man seiner Mutter nicht gehorcht

„Ein König hatte einmal drei Töchter, von denen die jüngste namens Psyche so schön war, dass viele Leute aus fernen Ländern kamen, um sie zu sehen und ihr zu huldigen. Einige sagten, dass sie die Schwester der Liebesgöttin Aphrodite sei, für andere dagegen war sie noch viel schöner als sie. Aber diese hörte das nicht gerne. Sie befahl ihrem Sohn Eros, bei uns Amor, dem Gott der begehrlichen Liebe, dass er Psyche dazu bringen sollte, sich in einen minderwertigen Mann zu verlieben, mit einem richtigen Tunichtgut. Psyches Vater erbat sich Rat von dem Orakel des Apollo, das ihm riet, seine Tochter auf den Gipfel eines hohen Berges zu setzen, wo ein bösartiger Dämon hauste. Er tat es, aber anstatt des Dämons entführte sie Zephyr, der Gott der Winde, und brachte sie auf Anraten von Eros, der manchmal recht verspielt und mutwillig war, und der sich gegen den Wunsch seiner Mutter in Psyche verliebt hatte, in ein märchenhaftes Schloss."

„Dort hatte sie alles, was sie begehrte. Eros besuchte seine Geliebte in der Nacht, entfernte sich aber während des Tages, und er hatte ihr befohlen, ihn nie bei Tageslicht zu sehen. Da sich Psyche tagsüber einsam fühlte, erbat sie sich von ihrem Geliebten den Besuch ihrer Schwestern. Diese waren neidisch auf sie und sagten ihr, dass ihr Geliebter im Grunde genommen nur eine bösartige Schlange sei. Als Eros in der Nacht wieder bei ihr war, beleuchtete sie ihn mit einer Öllampe, von der jedoch ein heißer Tropfen auf seine Haut fiel. Eros erwachte und verbannte sie aus dem Schloss, aber nicht aus seinem Leben. Psyche wanderte nun traurig durch die Welt, und sie musste viele gefährliche Arbeiten für die Göttin der Liebe erledigen. Eros jedoch ging zum Gottvater Zeus und bat ihn, ihm Psyche zur Frau zu geben. Zeus war gnädig und gab Psyche einen Becher mit Ambrosia, sodass sie unsterblich wurde, und die beiden wurden ein Paar. Psyche gebar dann eine wunderschöne Tochter, die sie Voluptas, d.h. Lust oder sinnlicher Genuss, nannte. In der griechischen Mythologie ist die Tochter als Hedone bekannt, die Göttin der Glückseligkeit, des Wohlgefallens und der Sinnlichkeit".

Helena sagte später zum Professor, dass sie jetzt den Roman *Das Parfum* von Patrick Süskind besser verstehe, in dem das Parfüm mit dem Namen Amor und Psyche eine wichtige Rolle spiele, denn sein Duft sollte ja verführerisch sein.

„Jetzt verstehe ich auch, woher das Wort hedonistisch kommt“, stieß Eule erregt hervor. „Wir haben in der Klasse den Hedonismus von Aristippos von Kyrebne behandelt, der im fünften Jahrhundert v. Chr. in Griechenland gelebt hat. Ihm zufolge strebt der Mensch, oder er sollte streben, seine Bedürfnisse ohne Einschränkung zu befriedigen, und der Mensch ist dann glücklich. Reiche Leute sind dann, wie ich glaube, besonders glücklich. Stimmt das?“. Der Professor erwiderte: „Nicht immer sind die Reichen auch glücklich. Ein Dichter hat einmal gesagt: ‚Ich glaube, es gibt Menschen, die unglücklich sind, nur weil sie sind‘. Aber dann ist es vielleicht besser unglücklich zu sein, wenn man Geld hat“.

Die Gruppe wanderte weiter, aber Frl. Baldanders, diese wandernde Interessenkonfliktperson, hatte ihre eigenen Ideen. Sie wollte sich unbedingt ein paar Kleidungsstücke anschauen, die vor einem Zelt aufgehängt waren. Sie ging mit schnellen Schritten auf die Kleidungsstücke los, die ihr sehr gefielen, änderte aber dann ihre Meinung, und steuerte auf einen Tisch zu, auf dem verlockendes Backwerk ausgebreitet war. Aber auch hier verebbte ihr Interesse sehr schnell, und sie ging wieder zu den Kleidungsstücken zurück. Ohne sich weiter umzusehen, schloss sie sich wieder der Gruppe an.

Nach einiger Zeit kam die Gruppe an einem Zelt vorbei, vor dem ein Mann saß, der mit einer schönen Toga bekleidet war. Er schlug gerade ein paar Mal auf einen großen, bronzenen Gong, der alle Leute aufhorchen ließ. Als der Mann sah, dass die Leute sich um ihn versammelt hatten, fragte er sie, ob sie wussten, was Perfektion sei. Die Antworten kamen rapide; die meisten sagten, sie wären zufrieden, wenn alle ihre Wünsche befriedigt worden sind, zum Beispiel einen Lammbraten zu haben oder lange schlafen zu können. Der Toga-bekleidete Mann hörte sich diese Erklärungen an, und fragte dann, ob auch Menschen perfekt sein können, also eine Vollkommenheit erreichen können, die keine weiteren Änderungen zulässt. Die Menge dachte lange nach und viele behaupteten, dass das nicht möglich sei. Daraufhin erzählte der Mann ihnen die Geschichte von Pygmalion:

Pygmalion oder die perfekte Frau

„Vor langer, langer Zeit gab es einmal einen Bildhauer namens Pygmalion von Zypern, der sehr schlechte Erfahrungen mit den Frauen gemacht hatte – sogar so schlecht, dass er keine Frau in seinem Haus duldete, alleine sauber machte und sich auch sein Essen zubereitete. Er verbrachte seine gesamte Zeit, Statuen anzufertigen, und mit der Zeit hatte er eine solche Perfektion in seinem Künstlertum erreicht, dass viele Leute seine Werke erstanden. Ein Werk allerdings bot er nicht zum Verkauf an, ja, er zeigte es auch keinem. Er hatte eine wunderschöne Frauenfigur aus Elfenbein geschaffen, die er Galatheia, oder so weiß wie Milch nannte. Sie war so schön, dass er sie nicht in seinem Atelier, sondern in einem Hinterstübchen verbarg. Mit der Zeit verliebte er sich so sehr in sie, dass er ihr schöne Kleider kaufte, Ohrringe aus Gold und Saphir, und sie mit einem wunderbar riechenden Öl einrieb. Er wusste, dass diese Statue nicht lebte, sondern nur aus Elfenbein bestand, aber das hielt ihn nicht davon ab, sie wie eine lebende Frau zu behandeln“.

„Dann kam der Tag heran, an dem die Göttin der Liebe, Venus, in einem großen Fest auf der Insel Zypern gefeiert wurde. Wohlriechende Kräuter wurden vor ihrem Altar abgebrannt, sodass der ganze Tempel einen betäubenden Duft ausströmte. Viele Leute brachten der Göttin der Liebe ihre Opfergaben dar, darunter auch viele Speisen und wohlriechende Weine. Sie beteten zu der Göttin der Liebe und wünschten sich Glück, Zufriedenheit und Harmonie in ihren ehelichen Beziehungen, oder auch in ihren vorehelichen Bekanntschaften. Venus war ebenfalls zu diesem Fest gekommen, und sie segnete all die Anwesenden. Auch Pygmalion schritt zum Altar, faltete seine Hände und bat die Göttin, ihm zu helfen. Er liebte seine schöne, elfenbeinerne Frau, wagte aber nicht, die Liebesgöttin zu bitten, sie zum Leben zu erwecken. Stattdessen sagte er: ‚Gewähre mir eine Frau, die so schön ist wie meine Statue‘. Venus aber schaute in sein Herz, und sie wusste, was er wirklich dachte, sich aber nicht zu sagen traute, nämlich, dass seine Statue lebendig werden sollte. Und als eine Flamme aus dem Altar in die Höhe schoss, ahnte Pygmalion, dass die Göttin der Liebe ihn erhört hatte. Sie gewährte seinen Wunsch.

Als Pygmalion wieder zurückgekehrt war, küsste er seine elfenbeinerne Geliebte, und merkte zu seinem Erstaunen, dass ihre Lippen warm waren. Er berührte ihren Körper, und er bemerkte, dass er ebenfalls aus Fleisch und Blut bestand. Da wusste er, dass Venus seinen nicht ausgesprochenen Wunsch erfüllt hatte. Aus dieser Verbindung mit der jetzt zum Menschen gewordenen Statue ging ein Sohn hervor, den Pygmalion Paphos nannte".

Später, als die Reisegesellschaft wieder zu Hause war, fragte Helena den Professor, ob dieser Mythos sich bis heute erhalten habe. Der Professor erwiderte: „Ja, das hat er. Paphos ist auch der Name einer Hafenstadt auf Zypern mit 35 000 Zyprioten, einer Stadt, die 2017 zur Kulturhauptstadt Europas erklärt wurde. Pathos ist eng mit Berlin verbunden, denn am 1. Mai 2017 hatten die Berliner Philharmoniker vor dem Kastellturm, dem Wahrzeichen Zyperns, Werke von Carl Maria von Weber und Antonín Dvorák gespielt. Und der Pygmalion-Mythos ist ebenfalls in der deutschen Kultur verankert. Goethe hat ein Gedicht über Pygmalion geschrieben, Franz von Suppé hat die zum Leben erweckte Statue in seiner satirischen Operette *Die schöne Galathée* verherrlicht. Gottfried Keller hat sie in seiner Novelle *Regine* literarisch bearbeitet wie auch Joseph von Eichendorff in der Novelle *Das Marmorbild*, und E.T.A. Hoffmann hat ihr in seinem *Sandmann* ein Denkmal gesetzt. George Bernard Shaw verfasste ein Bühnenstück über diesen Stoff, und sie erscheint sogar in dem Musical *My fair Lady* und musikalisch auch bei Kurt Weill in *The Touch of Venus*, was später verfilmt wurde. Sie ist die Traumfrau aller Männer, die sich jedoch später in der Operette von Franz von Suppé zu einem Albtraum entwickelt".

Helena hatte andächtig zugehört; dann aber bemerkte sie: „Warum haben sich nur Männer mit diesem Mythos befasst? Sie wollten wahrscheinlich alle eine Traumfrau haben, aber gibt es auch nicht Frauen, die einen Traummann haben wollen?". Der Professor dachte lange nach und sagte dann: „Das mag wohl sein, aber so etwas ist mir nicht bekannt. Vielleicht liegt es daran, dass die Frauen realistischer sind als Männer, denn sie wissen, dass nichts auf der Welt perfekt ist. Viele Männer wollen eine schöne Frau haben, aber was ist schön? Vieles, was schön ist, wird nicht bemerkt. Ich gebe Adalbert Stifter Recht, wenn er sagt: ‚Oft wird die Schönheit nicht gesehen, weil sie in der Wüste ist oder weil das rechte Auge nicht gekommen ist – oft wird sie angebetet und vergöttert und ist nicht da. Aber fehlen darf sie nirgends wo ein Herz in Inbrunst und Entzücken schlägt, oder wo zwei Seelen aneinander glühen; denn sonst steht das Herz stille, und die Liebe der Seelen ist tot'. Und dann muss man sich auch fragen, ob Perfektion wirklich gut ist. Wenn etwas wirklich perfekt ist, warum soll man es dann verbessern? Perfektion würde doch das Ende der Kreativität bedeuten, und damit auch das Streben aller Menschen nach etwas Besserem. Goethe hat einmal gesagt: ‚Nur wer strebend sich bemüht, den können wir erlösen'".

Aurora, Helena und die DNA

Ein Junge dankte dem Erzähler, wandte sich dann an die anderen in seinem Kreise und sagte: „Es ist an der Zeit, in die Schule zu gehen. Wir haben jetzt vergleichenden Religionsunterricht bei Dr. Sibelius, den wir alle recht gern haben. Wir müssen uns beeilen, damit wir nicht zu spät in die Klasse kommen, denn das hat er überhaupt nicht gern". Alle marschierten schnell in die gegenüberliegende Schule, über deren Eingang folgende Sentenz eingemeißelt war: „Non scholae, sed vitae discimus". Eule wusste natürlich, was diese Worte bedeuten, denn derselbe Spruch stand auch über dem Eingang seiner Schule, und er flüsterte so laut, dass alle es verstehen konnten: „Nicht für die Schule, sondern für das Leben lernen wir". Dann fügte er noch etwas angeberisch hinzu: „Von Seneca, der auch gesagt hat: Mit dem Leben ist es wie mit einem Theaterstück; es kommt nicht darauf an, wie lang es ist, sondern wie bunt".

Helena und ihre Freunde begaben sich mit den anderen in die Schule. Sie konnten von den anderen nicht gesehen werden, denn der Professor hatte ihnen Tarnkappen übergezogen, die sie unsichtbar machten. Sie schlichen sich in das Klassenzimmer und nahmen auf den hinteren Sitzen Platz. Sie waren sehr gespannt darauf, was jetzt passieren würde. Sie brauchten nicht lange zu warten, denn ein älterer Mann, bekleidet mit einer kostbaren Toga, kam herein, schaute die Schüler an und sagte: „Wie ihr wisst, behandeln wir heute die griechischen und römischen Götter. Ihr habt ganze zwei Wochen Zeit gehabt, euch auf dieses Thema vorzubereiten. Das Hauptreferat wird Aurora Millarius halten. Sie ist die geeigneste für dieses Thema, denn der lateinische Name Aurora bedeutet Morgenröte; im Griechischen würde die Tochter des Titanenpaares Hyperion und Theia Eos heißen. Sie ist die Schwester des Sonnengottes Helios und der Mondgöttin Selene, die wir hier in Rom Luna nennen. Also, Aurora, erzähle uns doch, was du herausgefunden hast". So begann Aurora zu berichten:

„Gottvater, der bei den Griechen Zeus heißt, der Gott des Himmels, des Blitzes und des Donners, wird bei uns Jupiter genannt. Wir verehren viele weitere Göttinnen und Götter. Da ist zuerst Aphrodite, bei uns Venus, die Göttin der Liebe und der Schönheit. Der Kriegsgott heißt bei den Griechen Ares, bei uns Mars. Ares hatte mit der Göttin der Schönheit einen Sohn namens Eros, der bei uns als Amor oder Cupid bekannt ist. Dieser kleine Lausbub hat die Schönheit von seiner Mutter geerbt und von seinem Vater das Kriegerische, denn er schießt gern mit Pfeil und Bogen. Allerdings nicht um zu töten, sondern um die Leidenschaft oder auch die leidenschaftliche Liebe zu einem anderen zu erwecken. Ganz wichtig ist ferner Athene, die bei uns Minerva heiβt, denn was wären wir ohne Weisheit?".

„Mein Vater huldigt Dionysos, dem Gott des Weines und des Rausches. Dieser Gott, den ich persönlich nicht kenne, heißt bei uns Bacchus. Viele Leute glauben, dass die, die diesem Gott über alle Maßen huldigen, von Pluto, dem Gott der Unterwelt und des Reichtums, in sein Reich geholt werden. Allerdings kann er nach einer Feier, die man auch Orgie nennen kann, nicht sehen, wie der Sonnengott Helios, bei uns Sol, seine Rosse rüstet und mit seinem Wagen aus dem Meer in den Himmel aufsteigt. Er schafft es nicht, denn der Schlaf- und Traumgott Hypnos, bei uns Somnus, der in den dunklen Gefilden des Erebos lebt, hält ihn – wie in einer Hypnose – in einem tiefen Schlaf gefangen. Wenn er dem Wein zu sehr zugesprochen hat und zu einem Teich geht, kann er froh sein, dass die Glücksgöttin Tyche, bei uns Fortuna, ihn nicht in ein großes Loch stolpern lässt. Und wenn er einmal zu seiner Erholung am Meer weilt, sollte er Poseidon, bei uns Neptun, ein Geschenk darbieten, sodass er wieder heil nach Hause zurückkehren kann, wo er Hestia, bei uns Vesta, der Göttin des heimischen Herdes, Opfer bringen sollte. Ein ganz wichtiger Gott ist Apollo, der bei uns genauso heißt wie bei den Griechen. Er ist der Gott des Lichts, der Dichtkunst, besonders der Musik, und er ist der Gott aller Musen. Er ist sehr wichtig für uns, denn gäbe es ihn nicht, gäbe es auch keine Musik zu unseren Tänzen. Darum ehren wir auch Terpsichore, die Muse des Tanzes. Das wäre das Ende meines Vortrags, den ich mit dem Sinnspruch unseres Hauses beende: *per aspera ad astra*".

Helena konnte sich nicht zurückhalten und flüsterte so laut, dass es alle hören konnten: „Durch die Mühsal zu den Sternen". Sie stand vor Begeisterung auf und sagte: „Das ist doch als Wahlspruch Bestandteil des Wappens meiner

Familie auf ihrem Gut in Mecklenburg-Vorpommern. Und Aurora Millarius, die wie wir Müller heißt, sieht meiner Mutter ähnlich und könnte meine Schwester sein. Nur schade, dass sie vor fast 2000 Jahren gelebt hat. Ich hätte gerne mit ihr gesprochen".

Dann jedoch beruhigte sie sich wieder und hörte den Schlussworten des Lehrers zu, der den Vortrag von Aurora lobte, aber nur „cum grano salis", also mit einem Körnchen Salz, d.h., es war kein uneingeschränktes Lob. „Du musst unseren Göttern mehr Respekt zollen", meinte er, „sonst geht es dir so wie Proserpina, im Griechischen Persephone, der Tochter der Ceres und des Jupiter. Wie du weißt, wollte Pluto, der Herrscher der Unterwelt, Proserpina heiraten, ihre Mutter verweigerte jedoch ihre Zustimmung, da sie nicht wollte, dass ihre Tochter ihr Leben in der düsteren Unterwelt zubrachte. Da entschloss sich Pluto, sie zu entführen. Als sie am Fuße des Berges Ätna Blumen pflückte, raste er mit seinem von vier schwarzen Pferden gezogenen Wagen auf sie zu und entführte sie in die Unterwelt. Das brach ihrer Mutter fast das Herz. Sie ging zu Zeus/Jupiter und bat ihn, ihr die Tochter zurückzugeben. Da er aber gegen seinen Bruder nicht viel ausrichten konnte, entschloss er sich, sie nur für die Hälfte des Jahres in der Unterwelt zu lassen; im Frühling und Sommer darf sie zurückkehren. Zu dieser Zeit beginnt die Oberwelt wieder zu blühen, und alle sind glücklich und froh. Aber wenn ihre Zeit auf der Erde vorbei ist, muss sie wieder zurück in die Unterwelt, wo sie über das Reich der Toten herrscht. Wenn du nicht mehr Respekt vor unseren Göttern zeigst, Aurora, könnte es dir genauso ergehen".

Helena war die ganze Zeit sehr nachdenklich und erwiderte schließlich dem Professor: „Die Sache mit Persephone und Hades haben wir doch auch in dem Dornröschenmärchen. Dornröschen und alle anderen Personen in ihrem Schloss fallen in einen tiefen Schlaf. Sie sind nicht tot – sie schlafen nur. Und eine große Dornenhecke wächst über das Schloss. Dann kommt schließlich ein Prinz mit seinem Schwert und bahnt sich einen Pfad zu ihr hin, küsst sie und erweckt sie damit. Und alle sind glücklich und froh. Ich glaube, dass Dornröschen die schöne Natur ist; im Winter, mit Eis und Schnee, ist es düster und öde. Aber wenn der Frühling kommt und Schnee und Eis durch die Sonnenstrahlen schmelzen, dann erwacht die scheintote Natur wieder zum Leben. In den Märchen ist der Prinz die Sonne, und das Schwert ist der

Sonnenstrahl. Proserpina ist jetzt wieder für einige Zeit aus der Unterwelt auf die Erde zurückgekehrt“.

Dann fuhr sie nachdenklich fort: „Sie sind doch sehr gelehrt. Wäre es nicht möglich, dass ich mit Aurora Verbindung aufnehmen kann? Nicht für eine lange Zeit, sondern nur für ein paar Stunden, denn ich habe sie sehr gerne und hoffe, dass das auf Gegenseitigkeit beruht“. Der Professor dachte lange nach und sagte dann: „Es gibt eine Möglichkeit: Sollte eure DNA identisch sein, könnte ich dir ein paar Stunden mit ihr verschaffen. Aber wie bekommen wir ihre DNA?“ Da bemerkte Schmuddelfink: „Das ist doch einfach. Aurora hat gerade die Scherben einer Tontasse aufheben wollen, die jemand hat fallen lassen, und hat sich dabei den Zeigefinger verletzt, so dass er blutete. Wenn ich jetzt hingehe und das Blut mit meinem Taschentuch aufwische, haben wir die Möglichkeit, ihre DNA zu bestimmen“. Gesagt, getan. Der Professor, der immer eine kleine Hausapotheke bei sich führte, um auf Zwischenfälle vorbereitet zu sein, nahm das Taschentuch, strich einige Chemikalien darüber, untersuchte mit einem kleinen Mikroskop die Blutflecken und nickte mit dem Kopf. „Ja“, sagte er, „das ist genug für eine Analyse. Jetzt brauchen wir nur noch eine kleine Blutprobe von Helena“. Helena ritzte ihre Haut, ein paar Bluttropfen quollen hervor, die der Professor geschickt auffing. Er verglich sie in seinem Mikroskop mit denen von Aurora und nickte mit dem Kopf. „Helena, da hast du Glück gehabt; ihr habt dieselbe DNA“. Er nahm ihr die Tarnkappe ab, streifte ihr eine Toga über, die jemand im Raum vergessen hatte, und gab ihr Maßregeln mit auf den Weg. „Wenn du mit Aurora sprichst, sage nichts über die Errungenschaften der modernen Technik. Aurora würde dich überhaupt nicht verstehen. Sie befindet sich in einer Zeit, in der es kein iPad, kein iPhone, kein TV usw. gibt. Sprich mit ihr über Sachen, die sie dir zeigt“.

Und so geschah es auch. Helena ging mit den anderen, die sie verwundert ansahen, zum Sportplatz für Mädchen, wo sie einer Gruppe zugeteilt wurde, die zum Staffellauf angetreten war. Da Laufen ihre Spezialität war, wurde sie von den anderen schnell akzeptiert. Mit Hilfe des Übersetzungsgeräts konnte sie nicht nur verstehen, was die anderen Kinder sprachen, sondern sie konnte sich auch mitteilen. Helena war in derselben Staffel wie Aurora, und die beiden verstanden sich recht gut, sogar so gut, dass Aurora Helena zum Mittagessen, der *cena*, einlud.

Eine klassische Mahlzeit

Die Beiden gingen auf der Via Appia Antica zum weiß getünchten Haus von Aurora. Das Haus war von Bäumen und Büschen umgeben, und es gab viele Blumen im Garten. Sie betraten das Vorzimmer, von Aurora ironisch das Proszenium genannt, also den vordersten Bereich eines Theatersaals, denn manchmal gab es dort Theater, wenn sie zu spät nach Hause kam. Ein Sklave mit einer großen tönernen Waschschüssel wartete schon auf sie. Sie wuschen sich die Hände und trockneten sie an einem Tuch ab. Dann begaben sie sich in das Esszimmer, wo Auroras Familie bereits versammelt war. Sie hatte nichts dagegen, dass Aurora eine Freundin mitbrachte. Aurora hatte noch Zeit, Helena zuzuflüstern, dass ihr Vater nicht nur Müller sei, sondern auch große Brotbäckereien habe, in denen er jeden Tag Hunderte von Fladenbroten für die Armee backte.

Dann begann das Essen, das ein Festmahl war, denn Auroras ältere Schwester brachte das erste Mal ihren Verlobten Mercurius mit nach Hause. In der Mitte des Zimmers stand ein *lectus convivalis*, ein sehr bequemes Speisesofa. Dann wurde ein kleiner Tisch, die *mensa*, hereingetragen, und man konnte sich auf einige Polster davor hinsetzen. Vor dem Essen wurden noch einmal die Hände und auch die Füße gewaschen, denn gegessen wurde mit den Fingern; die Handwäsche wiederholte sich nach jedem Gang. Im Nebenzimmer warteten Musiker, Rezitatoren und Akrobaten auf ihren Einsatz, denn ein Essen diente nicht nur der Nahrungsaufnahme, sondern auch der Unterhaltung.

Zur *gustatio*, der Vorspeise, gab es eine kleine Gemüseplatte, bestehend aus Bohnen, Linsen, Erbsen und Oliven. Auch eine große Schale mit eingelegten Früchten, Lauch, Oliven und sauren Gurken stand auf dem Tisch. Dazu wurden kleine Stücke von gebratenen Enten gereicht. Die Trinkkellner waren damit beschäftigt, aus großen Amphoren Wein einzuschenken. Auch Helena probierte etwas von dem Wein, der ihr allerdings nicht schmeckte. Er war ihr zu sauer, und er schmeckte auch etwas nach Öl, denn, wie sie später erfuhr, wurden die Amphoren innen mit Öl bestrichen, damit sie dicht blieben. In einer Schale wurden zarte, gekochte Muscheln und kleine Fische gereicht. Eine Delikatesse waren die Steinpilze.

Dann gab es das Hauptgericht, die *mensa prima*. In der Mitte stand eine Schüssel mit einem großen Schweinebraten, den die Köche schon in kleine

Stücke geschnitten hatten, damit man sie mit den Fingern essen konnte. Auch ein Gänsebraten wurde serviert, aber er war hauptsächlich für die jungen Verlobten bestimmt, die sich mehrere Male ein Stück davon nahmen. Zu allen Gerichten gab es Brot, denn der Gastgeber wusste ja, wie man gutes Brot backt.

Zur Nachspeise gab es Weintrauben, Rosinen, Aprikosen und aus Griechenland importierte Feigen und Datteln. Dazu wurde Wein getrunken, der mit Honig gesüßt war. Dieser kalt servierte Wein kam aus dem Schneekeller. Man hatte Gruben ausgehoben, diese im Winter mit Schnee gefüllt und dann mit Isoliermaterial abgedichtet, so dass man auch im Sommer gekühlten Wein hatte. Nach dem Essen brachte man den Laren, den Göttern, die das Haus beschützten, Opfer dar. Man stellte eine kleine Schale mit Essen für sie hin und goss ein Glas Wein auf den Boden.

Helena sah alles mit großen Augen an und kostete von allem, was auf dem Tisch stand. Als sie etwas von der Gans nehmen wollte, flüsterte ihr Aurora zu, dass sie selbst kein Stück von der Gans essen würde. „Die Gans“, sagte sie, „ist doch ein patriotischer Vogel. Wie du ja weißt, wurde Rom im Jahre 387 vor einem gallischen und keltischen Nachtangriff gerettet, indem die Gänse so laut schnatterten, dass sie alle Verteidiger der Stadt aufweckten, sodass sie die Feinde an dem Nebenfluss des Tiber, der Allia, besiegen konnten. Und so etwas kann man doch nicht essen“. Als Helena später dem Professor diese Geschichte erzählte, bemerkte dieser, dass Auroras Bemerkung stimme. Die Gallier hätten Rom belagert und die Stadt auch eingenommen, hätten die Gänse in der Nacht nicht die Wachmannschaft alarmiert. Auch die Jahreszahl 387 stimme, aber heute müsse man hinzufügen: vor Christi Geburt.

Arminius – der Schwarm der Teenager

Es war inzwischen Nachmittag geworden, und es war angenehm kühl. „Was machen wir jetzt“, fragte Helena, denn sie wollte die kurze Zeit, die sie mit Aurora verbrachte, nutzen. „Ich schlage vor, wir gehen zum Amphitheatrum Flavium, von vielen auch das Colosseum genannt. Wir könnten uns auch das Wagenrennen im *circus maximus* anschauen. Ein Gespann meines Vaters nimmt auch teil. Er will aber andauernd gewinnen und regt sich furchtbar auf, wenn das nicht der Fall ist. Gleich neben dem Colosseum ist ein kleiner Kampfplatz, auf dem die Gladiatoren üben. Heute ist Arminius dabei, angeblich ein Fürst aus dem germanischen Stamm der Cherusker, für den alle meine Freundinnen schwärmen. Er und sein Bruder Flavius sollen hier in Rom das Heerwesen kennen lernen. Arminius sieht sehr gut aus, ist stark und gewandt, und er wird heute mit den Gladiatoren Scheinkämpfe austragen. Komm mit, dann kannst du ihn dir selbst anschauen. Wenn wir Glück haben, gibt er wieder Autogramme. Ich habe schon zwei von ihm, die ich später gegen etwas tauschen werde, was ich unbedingt haben möchte". So gingen die beiden und rannten die Treppe hinauf. Diese war so steil, dass man sich anstrengen musste, die nächste Stufe zu erreichen. „Warum sind die Stufen so hoch", fragte Helena. „Ich weiß nicht recht", sagte Aurora, „aber jemand hat mir gesagt, man wolle hauptsächlich junge Leute hier haben, die diese hohen Stufen meistern können. Die Alten sollen lieber zu Hause bleiben und Wein trinken".

Nach einer Weile kamen sie zum Kampfplatz, wo die Gladiatoren sich im Speerwerfen, Ringen, Springen und Diskuswerfen übten. Sie hatten Glück, denn Arminius war gerade dabei, gegen zwei römische Legionäre zu kämpfen. Er war besser als sie und zwang sie in die Knie. Nach dem Kampf ging Helena zu ihm hin und fragte ihn, woher er aus Germanien komme. Arminius schaute sie mit etwas verträumten Augen an und sagte, dass er in der Nähe des Teutoburger Waldes aufgewachsen sei, wo die Bäume so hoch seien, dass sie fast in den Himmel reichten. Er fügte hinzu, dass seine Freunde und er sich zu Hause bei Kriegsspielen in den Wipfeln der Bäume zunächst verborgen, dann sich unerwartet fallen gelassen und so immer gewonnen hätten. Hier in Rom kämpfe man anders. Die Legionäre seien schwer bewaffnet, trügen eine schwere Rüstung mit einem Brustpanzer und seien mit Schwert und Spieß ausgerüstet. Um zu kämpfen bräuchten sie ein offenes Feld, besonders für die Bogenschützen, die in Streitwagen kämen oder Fußsoldaten seien. Die Germanen, so fügte er hinzu, kämpften anders. Sie seien gute Waldkämpfer, denn die Bäume böten ihnen nicht nur Schutz, sondern auch das Element der Überraschung.

Als Helena und Aurora zurückkehrten, trafen sie auf eine Gruppe von Legionären, die in eine Taverne gingen. Aurora sagte, dass sie dort Wein tränken und mit Würfeln spielten. Sie dürften das nicht öffentlich tun, denn das Würfelspiel galt als Glücksspiel und das war verboten. In einer Nebengasse standen Kinder um ein Brettspiel herum. Das Brett war schief aufgestellt, und ein Kind ließ eine Nuss herunterrollen. Das zweite Kind hatte eine weiße Nuss und versuchte, die erste Nuss zu treffen. Hatte es Erfolg, durfte es beide Nüsse behalten; gewonnen hatte der, der die meisten Nüsse hatte. Eine andere Gruppe spielte das Delta-Spiel. Dabei wurde ein großes Dreieck in den Sand geritzt und in zehn Felder unterteilt, die man dann mit den Ziffern von I bis X versah. Man versuchte, Nüsse auf die höchste Zahl zu werfen. Am Ende wurden die getroffenen Zahlen addiert, und der mit der höchsten Zahl hatte gewonnen – und natürlich auch die Nüsse.

Ist alles *cum grano sali* zu nehmen?

Es war spät geworden; Helena musste von Aurora Abschied nehmen. Sie wischte sich eine Träne aus den Augen, denn sie ahnte, dass sie Aurora nie wieder sehen würde. Dann eilte sie, so schnell sie konnte, zum Colosseum, wo die anderen schon auf sie warteten. Sie kletterten in das Zeitmobil und ehe sie 1, 2, 3 sagen konnten, waren sie wieder im Garten des Professors. Sie hatten Angst, dass sie zu lange weggeblieben waren und ihre Eltern sich Sorgen um sie gemacht hatten. Der Professor jedoch sagte: „Schaut auf die Uhr. Wir sind um 20:00 Uhr abgereist, und jetzt ist es 20:00 Uhr. Die Zeit ist eben relativ. Wenn ihr Lust habt, kommt doch morgen um dieselbe Zeit vorbei; dann geht es nach Athen“. Auf dem Nachhauseweg freuten die Kinder sich schon auf das nächste Abenteuer.

Doch ehe sie sich auf den Weg machten, fragte Schmuddelfink den Professor: „Ich habe noch eine Frage. Der Lehrer in Aurelias Klasse hat nach ihrem Vortrag gesagt, dass er diesen nur *cum grano salis* gut finde, also mit einem Körnchen Salz. Was hat denn das Salz damit zu tun? Ich finde das merkwürdig“. Der Professor erwiderte: „Das Wort *sal* im Lateinischen hat zwei Bedeutungen. *Sal* im Lateinischen heiβt Salz, aber auch Verstand und Klugheit. Und ein Körnchen ist doch schmal, bedeutet also recht wenig. *Cum grano salis* bedeutet dann, dass man etwas Gesagtes nicht wörtlich nehmen solle; es stimmt zum Teil, vielleicht sogar zum groβen Teil, aber einiges ist auch hineingeschmuggelt. Ich persönlich fand den Vortrag gut, detailliert, lehrreich, aber auch mit viel Humor vorgetragen. Für den Lehrer war er wahrscheinlich nicht wissenschaftlich genug. Aber dann wäre er doch zu trocken und langweilig gewesen“. Und damit endete der Trip nach dem klassischen Rom, der für alle alles andere als langweilig gewesen war.

Teil I (b)

Ein Besuch in Athen

Punkt 20:00 Uhr am nächsten Abend waren alle wieder im Garten des Professors versammelt. Die Tür zum Schuppen war schon offen und die Zeitmaschine stand bereit. Alle nahmen Platz, legten die Sitzgurte an, und 1, 2, 3 ging es los – dieses Mal nach Athen zu seiner Blütezeit im fünften Jahrhundert v. Chr.

Dort angekommen, stiegen sie aus und sahen auch dort einen Markt, auf dem sich viele Leute tummelten. Er war jedoch anders als der in Rom. Der Markt, oder die Agora, war der poltische und kulturelle Mittelpunkt Athens. Er lag nördlich von der Akropolis, so genannt, weil sie sich auf dem höchsten Punkt der Stadt befand. Auf diesem Berggipfel stand majestätisch das Pantheon, ein Tempel, der der Stadtgöttin Pallas Athene gewidmet war, die die Stadt im 5. Jahrhundert v. Ch. vor den Persern gerettet hatte. Auf einem entfernten 115 Meter hohen Felsen stand der Areopag, oder Areshügel, der höchste Gerichthof der Athener. Er war umwittert von Legenden und Mythen, denn es hieβ, dass dort Apollo den Orestes, den Sohn der Klytämnestra und des Agamemnon, verteidigt haben soll. Orestes war des Muttermordes angeklagt, denn er hatte sie getötet, weil sie seinen Vater ermordet hatte; Klägerinnen waren die Erinnyen, die Rachegöttinnen, Eumeniden oder Furien, und den Vorsitz führte Athene selbst. Orestes wurde freigesprochen, aber trotzdem von den Rachegöttinnen durch die Welt gejagt, bis er das Standbild der Artemis von den Taurern nach Griechenland zurückgebracht hatte.

Die Gruppe mischte sich unter die Menge und bestaunte die Händler, die ihre Waren auf kleinen hölzernen Tischen ausgebreitet hatten. Angeboten wurden vor allem Gewürze und Obst, zum Beispiel Weintrauben, Feigen und Granatäpfel. An anderen Händlern gingen sie schnell vorbei, denn diese boten Gemüse an – Salat, verschiedene Kohlsorten und Zwiebeln, alles was nicht gerade ihr Lieblingsessen zu Hause war. Bei dem Stand, an dem Olivenöl verkauft wurde, standen viele Leute, ein anderer Stand aber lockte noch mehr, denn dort konnte man guten roten, süßen Wein kaufen. Alle diese Gerüche verbanden sich und waren auch appetitanregend. Kein Wunder, dass an einigen Stellen Händler mit kleinen Fleischpasteten, die in Weintraubenblätter eingewickelt waren, gute Geschäfte machten.

Das Museum der Sehenswürdigkeiten: Achilles, Streit der Göttinnen, Odysseus, Sisyphos und Tantalos

Am Rande der Agora gab es einige Zelte, vor denen bärtige Männer standen und ihre Besonderheiten anpriesen. Die Gruppe ging hin, um die Attraktionen zu sehen. Ein Mann tat sich besonders hervor; seine Stentorstimme, so genannt in der *Ilias* nach einem Helden in der Schlacht um Troja, der eine gewaltige Stimme hatte, übertönte alle anderen: „Meine sehr verehrten Damen und Herren, kommen sie bitte näher und betrachten sie in meinem Museum Sehenswürdigkeiten unserer Kultur. Sie werden nicht glauben, was sie alles zu sehen bekommen, aber ich schwöre bei Zeus und all den anderen Göttern und Göttinnen, dass alles, was ihr hier bestaunen könnt, echt ist".

„Was ihr zu sehen bekommt, ist so wunderbar, so einmalig, so historisch interessant, dass ich es kaum in Worte fassen kann. Ihr kennt bestimmt den Namen Achilles, den seine Mutter Thetis an der rechten Ferse haltend in den Fluss Styx gehalten hat, um ihn unverwundbar zu machen. Leider hatte sie nicht daran gedacht, dass er an dieser Ferse verwundbar ist, denn das war die einzige Stelle, die nicht vom Fluss benetzt wurde. Und das machte Achilles doch sehr menschlich, denn haben wir alle nicht eine Stelle, die uns verwundbar macht? Auch wenn wir im Drachenblut baden, das uns unverwundbar machen soll, so könnt ihr sicher sein, dass ein Blatt auf unseren Rücken fällt. Ihr seht es nicht, aber das ist genau die Stelle, die euch in den Hades schickt".

„Da ist zuerst der Schild des Achilles, beschrieben bei Homer, ein Schild, der von dem Gott Apollo gesegnet ist. Achilles hatte ja im Trojanischen Krieg seinen Schild seinem Freund Patroklos gegeben, der von dem Trojaner Hektor erschlagen worden ist. Dieser nahm alle Waffen des Erschlagenen mit, und so war Achilles ohne Schutz. Achilles gelobte, Hektor, den Mörder seines Freundes, seinerseits zu erschlagen. Seine Mutter, die Meeresnymphe Thetis, bat Hephaistos, den Sohn des Zeus und der Hera, der der Gott des Feuers und der Schmiede war, ihrem Sohn einen neuen Schild anzufertigen. Dieser begab sich sogleich mit zwanzig Helfern an die Arbeit, und er schuf den herrlichsten Schild, den die Menschen je gesehen haben. Homer beschrieb ihn in der *Ilias* folgendermaßen:

Er nahm das feinste Gold und Zinn, und leuchtendes Silber;
legte es dann auf den Amboss.
Mit seiner rechten Hand schwang er den gewaltigen Hammer.
Und mit der linken nahm er die Zange.
Jetzt erst formt' er den Schild, einzigartig und stark,
Und schmückte ihn mit vortrefflicher Kunst am schimmernden Rande.
Zu sehen war die Erd', und das wogende Meer, und der Himmel,
Auch der Mond, und die rastlos laufende Sonn',
Und auch alle Gestirne, die rings den Himmel umleuchten.

Alles das könnt ihr hier mit etwas Fantasie sehen, denn die wunderbaren Gebilde auf dem Schild sind jetzt so verblasst, so dass man sie nicht mehr erkennen kann. Aber es gibt noch viel, viel mehr".

„Ihr erinnert euch bestimmt an die Hochzeit der Nymphe Thetis mit Peleus, dem König der Myrmidonen in Thessalien. Alle Götter und Göttinnen waren zu dieser Hochzeit eingeladen, außer Eris, der Göttin des Neides. Ich will hiermit nicht sagen, dass das eine Göttin ist, der man am besten aus dem Wege gehen sollte. Wenn man sieht, dass jemand besser ist als man selbst, dann gibt es zwei Möglichkeiten, damit umzugehen. Die eine ist, dass man die Leistung des anderen bemängelt und kritisiert, besonders wenn jemand in der Klasse ein ‚Sehr gut' für den Aufsatz bekommen hat, während unter dem eigenen Aufsatz der Satz steht: ‚Bitte mit weniger Fantasie und mit mehr Fakten'. Das ist die schlechte Eris. Wenn man sich dagegen den anderen zum Vorbild nimmt und sich zu ihm und seinen Leistungen emporschwingt, dann ist es die gute Eris. In unserem Beispiel ist es nur die schlechte Eris, von der wir sprechen".

„Eris war nicht eingeladen, erschien aber trotzdem und warf einen goldenen Apfel mit der Aufschrift *Der Schönsten* unter die Gäste. Der Apfel war damit zum Streitapfel geworden. Jede der Göttinnen wollte die Schönste sein, und so stritten sich Athene, Hera und Aphrodite. Wie man sieht, ist ein

Schönheitswettbewerb nicht nur ein Produkt unserer Zeit, sondern auch bei unseren Göttinnen, von denen jede die Miss World sein wollte. Wie wir wissen, bedeutete für die Griechen Schönheit mehr als bloβ gut aussehen. Es bedeutet gut und edel zu sein. Je schöner, desto besser! Allerdings haben einige Männer schlechte Erfahrungen mit dieser Weisheit gemacht, denn dies ist ja, frei gesprochen, eine edle Einfalt. Ja – eine Einfalt, wenn auch eine edle. Aber die Männer sagten nichts – sie blieben stille! Spätere Generationen, die glaubten, dass es die höchste Aufgabe der Kunst sei, Schönheit darzustellen, werden das eine edle Einfalt und stille Gröβe nennen! Aber genug davon, das sind nur meine Ansichten. Kehren wir also wieder zu dem Schönheitswettbewerb der Konkurrierenden zurück".

„Die Göttinnen in ihrer Not baten Zeus, Richter zu sein. Dieser überlegte lange, denn das war ein schwieriges Problem. Erklärte er Hera, die ja seine Frau war, nicht zu der schönsten Frau der Welt, dann hatte er Probleme zu Hause. Wählte er nicht Athene, seine eigene Tochter, so verweigerte diese ihm ihren klugen und weisen Rat, den er brauchte, um die Welt zu regieren. Auβerdem war Athene seine Lieblingstochter; sie war aus seinem Kopf heraus geboren, hatte also als Kopfgeburt seine Weisheit geerbt. Und wählte er nicht Aphrodite, so hatte er die Göttin der Liebe gegen sich, die er für seine vielen Eskapaden in Nymphenhainen in Anspruch nahm".

„In seiner Misere ging er zu seinem Sohn, dem Götterboten Hermes, dessen Mutter die scheue Bergnymphe Maja war. Hermes war schon als Kleinkind schlau, witzig, und er stahl auch gerne. Er ist deshalb mit seinen Flügelschuhen der Wegbegleiter und der Schutzpatron der Reisenden und auch der Diebe, und er begleitet auch die Seelen der Verstorbenen bis in die Unterwelt. Er gab Zeus den Ratschlag, Paris, den Sohn des Priamos und der Hekuba aus Troja, zum Richter zu bestimmen".

„Dieser war von seinem Vater aus dem Palast verbannt, denn ein Wahrsager hatte Priamos offenbart, dass Paris später für den Untergang Trojas verantwortlich sein wird. Und so machte Priamos seinen Sohn zum Tierhüter. Dieser wanderte nichts ahnend durch die Natur, und er sah die drei Göttinnen, von denen jede die Schönste sein wollte. Hera versprach ihm die Weltherrschaft, sollte er sie wählen, Athene die Weisheit der Welt, und Aphrodite die schönste Frau auf der Erde. Paris, der allein war, denn er hatte keine Frau, nicht einmal eine Freundin, war nicht zu sehr daran interessiert, der klügste Mann der Welt zu sein, oder sogar die Welt zu beherrschen. Er war es auch müde geworden, nur das Muhen der Kühe, das Blöken der Lämmer und das Meckern der Ziegen zu hören, und er sah jetzt eine Möglichkeit, nicht nur eine Frau zu haben, sondern sogar die schönste Frau der Welt! So gab Paris Aphrodite den Apfel, und erhielt dafür Helena, die zwar mit Menelaos verheiratet war, was aber weder Helena, Paris noch die Göttin Aphrodite störte. Wie ihr wisst, war dies der Auslöser des zehnjährigen Trojanischen Krieges, der mit der Zerstörung dieser mit den Griechen konkurrierenden Stadt endete. Der Rat, den Hermes seinem Vater gab, war an allem schuld, aber dies war vorauszusehen, denn Hermes war nicht nur der Götterbote, sondern auch der Gott der Gesetzlosen. Ihr seht also: Die Schönste ist nicht immer die Beste! Und nun, meine Damen und Herren, habe ich hier den Original-Streitapfel, von dem die goldene Farbe im Laufe der Jahrhunderte abgeblättert ist und von dem die Würmer nicht viel übrig gelassen haben. Kommt herein und bestaunt ihn. Aber das ist nicht alles“.

„Wir haben hier eine Kostbarkeit, die kein anderes Museum der Welt aufweist. Ihr erinnert euch bestimmt an Odysseus, den König von Ithaka, der nach zehnjähriger Abwesenheit und vielen Abenteuern während seiner Irrfahrt auf dem Meer nach Hause zurückkehrte, denn er erinnerte sich endlich daran, dass er ja verheiratet war. In Ithaca lebten seine Frau, die spartanische Königstochter Penelope, sein Sohn Telemachos und sein Jagdhund Argos, der ihn als Einziger nach seiner Rückkehr wieder erkannte. Penelope war in der Zwischenzeit von vielen Freiern bedrängt worden, die sie aber zurückwies. Der zurückgekehrte Odysseus lud die Freier zu einem Wettschießen ein; er spannte seinen Bogen, legte einen Pfeil ein und schoss durch die Schaftlöcher von zwölf hintereinander aufgestellten Äxten. Kein anderer war dazu fähig. Danach erschlug er die Freier und lebte mit Penelope und seinem Sohn zusammen. Den Bogen und den Pfeil könnt ihr hier in unserer Sammlung bestaunen. Im Laufe der Zeit, es sind ja inzwischen 800 Jahre verstrichen, seitdem sie von Odysseus benutzt worden sind, ist der Bogen allerdings ziemlich wurmstichig geworden. Er ist auch nur noch teilweise vorhanden, genauso wie der Pfeil, von dem nur ein kleiner Teil die Zeit überdauert hat“.

„Aber das ist nicht alles. Ich habe hier in meiner Hand eine Tonschale mit Wachs, die aus meiner Sammlung stammt. Ihr werdet bestimmt fragen: ‚Was hat das zu bedeuten?‘. Ich will es euch erklären. Ihr werdet euch bestimmt an das Abenteuer des Odysseus mit den Sirenen erinnern. Auf seiner Reise musste er an der Insel der Sirenen vorbei, an mythischen Gestalten, halb Vogel, halb Mensch, die mit ihrem wundervollen Gesang die Menschen betörten, sie lockten und dann töteten. Odysseus wollte ihren zauberhaften Gesang hören, erging der Gefahr des Todes jedoch dadurch, dass er seinen Gefährten Wachs in die Ohren stopfen ließ. Danach befahl er ihnen, ihn an den Mast zu binden und ihn trotz seines Flehens nicht loszubinden. So konnte er im Gegensatz zu seinen Gefährten die Sirenen hören, brauchte aber nicht zu sterben. Und hier, meine sehr verehrten Damen und Herren, sind wir in der glücklichen Lage, eine Tonschale mit dem Wachs anzubieten, das sich die Gefährten des Odysseus in die Ohren stopften. Die Tonschale mit dem Wachs, die ich jetzt in der Hand halte, lasse ich jetzt herumgehen, aber bitte stopft es euch nicht in die Ohren, denn sonst könnt ihr nicht hören, was ich sage. Unser Bestand ist sehr gering; es sind nur noch einige wenige Tonschalen zu erwerben – zu einem Sonderpreis, will sagen Spottpreis von nur zehn Drachmen pro Schale“.

„Wir sind zudem in der glücklichen Lage, zwei weitere Seltenheiten in unserem Museum ausstellen zu können. Wir sind sehr froh, einen Stein erworben zu haben, der aus demselben Gebirge kommt wie der Stein des Sisyphos. Sisyphos war der verschlagenste und listigste Mensch, den es je gegeben hat. Er betrog Zeus, den Göttervater, der Thanatos, dem Todesgott, befahl, ihn in das Reich der Schatten zu bringen. Sisyphos aber gab Thanatos so viel Wein, dass er betrunken wurde, und machte ihn zu seinem Gefangenen, so dass niemand auf der Erde mehr starb. Daraufhin schickte Zeus Ares, den Gott des Krieges, um Thanatos zu befreien, und Ares brachte Sisyphos in die Unterwelt. Dort überzeugte Sisyphos Hades, den Herrscher der Unterwelt, ihn noch einmal auf die Erde zurückkehren zu lassen, um ihm ein Totenopfer zu bringen. Zurückgekehrt, lebten Sisyphos und seine Frau in Saus und Braus. Da erschien plötzlich Thanatos wieder und führte den Widerstrebenden in die Unterwelt, wo er schwer bestraft wurde: Er musste einen Felsbrocken unter großer Mühe auf einen steilen Berg wälzen. Bevor er jedoch am Gipfel angelangt war, rollte der Fels wieder nach unten und Sisyphos musste seine Anstrengungen wiederholen, bis in alle Ewigkeit. Einige glauben, und es schmerzt mich, dies zu sagen, dass Sisyphos glücklich ist, denn er sucht nach dem Sinn des Lebens, aber die Antwort entzieht sich ihm immer. Er gibt jedoch nicht auf! Hier nun haben wir einen Stein aus dem Gebirge, aus dem der Stein des Sisyphos kommt. Ihr könnt ihn in unserer Sammlung bestaunen; kleine Stücke bieten wir zum Verkauf an, sozusagen als Erinnerungsbrocken".

„Im Nebenraum ist das Schicksal des Tantalos zu sehen. Dieser mächtige und reiche phrygische König von Lydien, der Sohn des Zeus und einer Sterblichen, stahl einmal einen goldenen Hund aus dem Tempel des Zeus, und beim Gastmahl der Götter in dem Olymp stahl er Ambrosia und Nektar, die Speise der Götter, und brachte sie den Menschen. Danach lud er die Götter zu einem Festmahl ein, aber um herauszufinden, ob sie auch wirklich allwissend seien, tötete er seinen Sohn Pelops und setzte ihn in einer Fleischpastete verbacken den Göttern vor. Diese jedoch wussten, was Tantalos gemacht hatte. Nur eine Göttin, Demeter, aβ von der Schulter des Pelops. Demeter war in Trauer um ihre Tochter Persephone, die von Hades entführt worden war. Die Götter erweckten den Jungen wieder zum Leben und setzten ihm eine elfenbeinerne Schulter ein. Thantalos dagegen wurde in der Unterwelt bestraft".

„Diese Strafe wird in Homers *Odyssee* folgendermaßen beschrieben:

Auch den Tantalos sah ich, wie er seufzte und weinte.
Mitten im Wasser stand er, umspült vom neckischen Wasser.
Er lechzte vor Durst, aber er konnte nicht trinken.
So oft der Greis sich bückte, seinen Durst zu stillen,
Schwand das kühlende Wasser hinweg und umspielte die Füße.
Entkräftet vor Hunger, sah er verlockende Früchte an den Zweigen der Bäume.
Aber so er sich reckt, diese Früchte zu pflücken,
die rötlich gesprenkelten Äpfel, die vor Süßen starrenden Feigen und
die schmackhaften, durch die Sonne gereiften Birnen –
da schnellten die Zweige, an denen die rangen, in unerreichbarer Höhe.

Zu alledem hängt über ihm ein großer und gefährlicher Gesteinsbrocken, der jeden Augenblick herabfallen und ihn zermalmen konnte. Bis in alle Ewigkeit erlitt er Hunger, Durst, und Todesangst. Jetzt wisst ihr, was Tantalusqualen sind. Sie sind euch bestimmt bekannt – es sind dieselben Qualen, die ihr empfindet, wenn ihr an einem Stand die von Honig triefend verlockenden Kekse seht, und ihr kein Geld habt, sie zu erstehen. Mit Hilfe der Götter haben wir von denselben Bäumen die süßen Feigen erstanden, nach denen Tantalos so sehr lechzte. Ihr könnt sie nach einem Besuch im Museum für nur acht Drachmen pro Tüte erstehen".

„Und zum Schluss offeriere ich das Allerbeste, was mein Museum zu bieten hat: ein Stück wurmstichiges Holz, das so kostbar ist, dass sich alle Herrscher der Erde darum reißen. Dieses Stück Holz ist mit dem Supermann unserer Mythologie verbunden, nämlich mit Heracles, den die Römer Hercules nennen, der schon als acht Monate altes Kind zwei von Hera geschickte Schlangen erwürgte, dem größten Helden unserer griechischen Mythologie. In seiner Jugend schickte ihn sein Ziehvater Amphitryon als Hirte auf die Weide, wo er sich aus einem Ölbaum einen Hirtenstab zimmerte, mit dem er den gefährlichen Nemeischen Löwen tötete, dessen Fell er nun ein ganzes Leben lang auf seinen Schultern trug. Zu seinen Wundertaten gehört auch, dass er die Hydra, die vielköpfige Wasserschlange, erschlug. Da die abgehauenen Köpfe der Schlange wieder schnell nachwuchsen, brannte er den Hals der Hydra aus, sodass die Schlangen starben. Für die, die es nicht wissen, oder dies nicht genau wissen, wer seine Eltern waren, sei folgendes gesagt":

„Zeus, unser verehrter Gottvater, hatte ein Auge auf die schöne Alkmene geworfen, und nicht nur ein Auge. Das Problem war jedoch, dass sie mit dem Heerführer Amphitryon verheiratet war, was ihn allerdings nicht störte. Dieser allerdings hatte sich aus dem Staub gemacht, da er seinen Onkel und Schwiegervater Elektryon, den Sohn des Perseus und der Andromeda, versehentlich umgebracht hatte. Die Sehnsucht trieb ihn wieder zurück, und er wollte seine geliebte Alkmene wiedersehen. Gottvater wusste das. Er nahm die Gestalt von Amphitryon an, besuchte Alkmene einen Tag vor der Rückkehr ihres Gatten, und zeugte mit der so getäuschten Alkmene einen Sohn, den er Heracles nannte. Der zurückgekehrte Amphitryon war verwirrt, denn seine Gattin glaubte, ihn schon am Vortag gesehen zu haben. Er ging zum blinden Seher Teiresias, der ihn über das Geschehen aufklärte. Und Amphitryon verzieh das Geschehen seiner unwissenden Gattin. Zeus wollte, dass Heracles die Welt von all den Monstern reinigte, sodass ein neues Zeitalter anbrechen konnte. Hera stimmte dem zu, aber ihr Favorit war der König Eurytheus, der Enkel von Perseus und der Vetter des Heracles. Dieser ordnete an, dass Heracles zwölf immense Arbeiten verrichten musste, um zu beweisen, dass er der bessere sei. Heracles verrichtete diese Arbeiten, von denen ich nur eine einzige erwähnen möchte: er bekam den Auftrag, den Kuhstall des Königs Augias von Elis vom

Mist zu säubern. Das Problem war, das Augias 3000 Rinder hatte, dass die Ställe dreißig Jahre lang nicht gereinigt waren, und dass Heracles die Reinigungsaufgabe an nur einem Tag verrichten sollte! Eine unmögliche Aufgabe, denkt ihr! Nicht jedoch für Heracles. Er grub einen Graben zu zwei Flüssen und leitete diese durch den Stall. Diese Wassersflut reinigte den Stall nicht nur von dem aufgehäuften Mist, sondern riss auch alle Rinder in ihr Verderben. Das war großartig! Eine wahre Heldentat! Stellt euch vor: Er beseitigte nicht nur den Mist von Jahrzehnten, sondern ebenfalls die Erzeuger des Mists! Und alles nur an einem Tag! Wir können uns dies als Beispiel nehmen, denn unsere Augiasställe müssten ebenfalls entmistet werden. Von diesem Stall nun haben wir einige Holzbalken gerettet. Sie sind zwar mit der Zeit etwas wurmstichig und morsch geworden, aber ihr könnt ein kleines Stück für nur zehn Drachmen erstehen".

Da konnte Eule sich nicht länger zurückhalten: „Das ist doch der reinste Betrug, von dem ich je gehört habe. Dieser Marktschreier und Gaukler zieht doch den Menschen hier das Geld aus der Tasche. Es stimmt zwar, was er über die Mythologie sagt, aber dann will er doch Waren verkaufen, die nichts damit zu tun haben. Und ich sehe, dass schon einige Leute ihr Geld zählen. Das sollte verboten werden". Der Professor lächelte: „Ja, siehst du, Leichtgläubige hat es zu jeder Zeit gegeben, nicht nur im Altertum. Und kapitalistisches Denken ebenfalls. Wie ihr ja wisst, war das klassische Griechenland ein Agrarland, und als normaler Bauer kann man nicht reich werden. Nur wenige, will sagen zwei oder drei Prozent, kann man als reich nennen. Diese hatten Bergwerke, waren Kaufleute mit großen Schiffen, die von Sklaven gerudert wurden, hatten große Werkstätten, oder waren Großgrundbesitzer. Die Schere zwischen den Reichen und den Armen war bei ihnen genau so groß wie bei uns. Und viele Minderbemittelte sind eben leichtgläubig".

Woher kommen die Augen in der Schleppe des Pfaus?

Dann setzte sich die Gruppe in Bewegung und steuerte auf einen Geschichtenerzähler zu, vor dem nicht nur eine Gruppe von Kindern saß, sondern auch viele Erwachsene, die die Geschichten wohl kannten, sie aber immer wieder hören wollten. Die Kinder kamen gerade rechtzeitig, als der

Erzähler mit einer neuen Geschichte begann. Aber ehe er anfing, schaute er die Kinder an und fragte, ob ihm jemand sagen könne, wie die Augen in die Schleppe des Pfaues gekommen seien. Keiner wusste es, und so begann er die Geschichte von Io und Zeus zu erzählen:

„Io war die Tochter des Inachos. Sie war sehr hübsch, und Zeus verliebte sich so sehr in sie, dass er sie entführen wollte. Hera, seine Gemahlin, wollte dies verhindern, und sie verwandelte Io in eine Kuh, deren ehemalige Schönheit sich in ihren Augen widerspiegelte, wie auch Athene als kuhäugige Schönheit bei Homer beschrieben wird. Hera forderte dann diese Kuh von Zeus als Geschenk und, da sie seine Göttergattin war, konnte er ihren Wunsch nicht abschlagen. Um zu verhindern, dass ihr Gatte sie wieder zurückverwandelte, errichtete Hera ein Gitter um die Kuh, und sie ließ die Kuh jetzt von ihrem Lieblingsdiener, dem Monster Argos, bewachen. Er wachte immer und sah alles, was um ihn herum passierte, denn er hatte mehr als hundert Augen, die in alle Richtungen blicken konnten".

Da wurde der Erzähler von einem kleinen Jungen unterbrochen, der aufmerksam zugehört hatte. „Meine Mutter muss von Argos abstammen", sagte er, „denn sie kann alles sehen. Wenn ich heimlich ein paar Oliven aus der Schale nehmen möchte, und meine Mutter ist draußen, sagt sie, ich soll das nicht tun. Sie hat überall Augen, glaube ich; also muss sie Argos zu ihren Vorfahren rechnen". Der Erzähler gab zu, dass das durchaus möglich sei, denn es gebe viele Mütter, die wie Argos alles sehen können, nicht nur, was passiert ist, sondern auch das, was passieren könnte. Und dann fuhr er fort:

„Zeus hatte Mitleid mit Io, die nun in eine Kuh verwandelt war. Er schickte seinen Sohn, den Götterboten Hermes, auf die Erde und befahl ihm, Argos zu töten. Hermes ging zu seinem Sohn Pan, der in den Bergen zusammen mit den Satyren und Nymphen lebte, dem Gott des Waldes und der Natur, und bat ihn um Rat. Er war seinem Sohn sehr zugetan, denn als seine Mutter Dryope ihn mit Bocksfüßen und Ziegenbart bei der Geburt sah, war sie so erschrocken, dass sie ihn aussetzte. Hermes brachte dann seinen Sohn in den Olymp, wo aber kein Platz für ihn war, so das Hermes ihn auf die Insel Kreta brachte. Hermes sah sich allerdings vor, seinen Sohn nicht um die Mittagszeit zu stören, denn das hatte er überhaupt nicht gern. Wenn ihn jemand während dieser Zeit störte, jagte der Hirtengott durch sein lautes Schreien den Störenfried schnell weg, und dieser gerät in einen panischen Schrecken".

„Pan gab seinem Sohn eine Flöte, die wunderbare Melodien spielte. Diese Hirtenflöte war Pans Lieblingsinstrument. Der Grund war, dass sie ihn an seine Liebe zu der Najade Syrinx erinnerte, die er hatte heiraten wollen. Diese jungfräuliche Nymphe und Anhängerin der Göttin Artemis sagte jedoch Nein, und Pan ging enttäuscht fort. Syrinx, die später von Pan verfolgt wurde, bat um Hilfe, und die Götter verwandelten sie in ein Schilfrohr, aus dem Pan sich in seinem Kummer eine Flöte schnitt, deren Musik alle bezauberte. Und diese Flöte gab er seinem Vater Hermes".

„Dieser flog mit seinen Flügelschuhen zu Argos und spielte so lange auf seiner Flöte, bis Argos alle Augen geschlossen hatte und einschlief. Daraufhin schlug ihm Hermes den Kopf ab und schüttelte ihn, so dass alle seine Augen auf den Boden fielen. Hera sah das vom Olymp aus und war sehr traurig. Sie stieg auf die Erde hinab, sammelte die Augen ihres Lieblingsdieners auf und setzte sie in die Schleppe ihres Lieblingsvogels, des Pfaus, wo ihr sie noch heute sehen könnt".

„Io war nun befreit und rannte los. Hera war immer noch wütend und sandte eine Riesenbremse, eine sehr bösartige Fliege, die Io verfolgte. Io stürzte sich in das Meer, den späteren Bosporus, der wie ihr alle wisst, die Meerenge zwischen Europa und Asien ist. Sie kam schließlich zum Nil, wo sie einen Sohn gebar, den sie Epaphus nannte, ein Name, der Berührung bedeutet, denn Zeus hatte ihn erzeugt, indem er Io mit der Hand berührte. Epaphus wurde von seinem Ziehvater Telegonus, dem Herrscher von Ägypten, betreut, und er wurde später König von Ägypten und heiratete die Fürstentochter Memphis. Sie gebar ihm eine Tochter namens Lybia. Epaphus liebte seine Frau Memphis so sehr, dass er die Königstadt nach ihrem Tod nach ihr benannte. Und Io wurde nach ihrem Tod in den Himmel versetzt, wo man sie heute noch als einen der vier Monde bewundern kann, die um den großen Planeten Jupiter kreisen".

Hier pausierte der Erzähler und schaute auf die Kinder, ob sie ihm auch gefolgt waren. Das war durchaus der Fall, denn was sie gehört hatten, beflügelte ihre Fantasie. Auch Helena war den Ausführungen des Erzählers genau gefolgt, und sie sagte dem Professor: „Jetzt verstehe ich auch sehr vieles aus meiner Geografiestunde. Lybia ist doch namengebend für das heutige Lybien. Ich weiß jetzt auch, warum das Meer das Ionische Meer heißt, und die Furt, in die Io sprang, Bosporus genannt wird, denn das griechische Wort Bosporus heißt ja auf Deutsch Kuhfurt. Io kam also nach Byzantium oder

Byzanz, später Konstantinopel genannt, heute Istanbul, die einzige Stadt auf der Welt, die zwei Kontinente verbindet: Europa und Asien, Okzident und Orient. Argos, der Allesseher, lebt bis heute, denn viele Detekteien heißen Argos, oder lateinisch Argus, da sie vorgeben, alles sehen zu können. Und wenn einer alles gut und genau sehen kann, hat er Argosaugen. Ob der Pfau allerdings die schönen Augen in seinem Schwanz Argos verdankt, könnte bezweifelt werden. Aber es klingt alles sehr schön. Manches ist aber heute doch sehr veraltet. Eine Panflöte ist doch heutzutage nur Fiktion“. „Dem muss ich leider widersprechen“, sagte der Professor, „denn sie lebt heute noch. Claude Debussy hat ein Flötenskonzert komponiert, das er Syrinx, oder *flûte de Pan* nannte. Bekannt ist sie auch als Papagenopfeife in Mozarts Oper *Die Zauberflöte*. Und diese Oper bezaubert doch alle, ob jung oder alt“.

Helena hatte noch eine Frage: „Ich verstehe eines nicht: Meine Freunde und ich gehen aufs Gymnasium, aber ich habe nicht gedacht, dass es schon so alt ist“. Der Professor lächelte und fragte sie: „Weißt du überhaupt, woher das Wort Gymnasium kommt? Wenn du es ins Deutsche übersetzt, heißt es Nacktanstalt. Das erklärt sich folgendermaßen: Die jungen Menschen hier, damit meine ich ausschließlich die männliche Jugend, trieben in der Antike gerne Sport. Sie turnten nackt, und sie gingen in die Sportarena, die man Gymnasium nannte. Nun gab es viele Gelehrte, Wissenschaftler, Philosophen, Künstler und auch Sophisten, die, wie ihr wisst, über spezielle Fertigkeiten und Fähigkeiten verfügen. Diese gingen dahin, wo die Jugend war, und während der Pausen unterrichteten sie die jungen Leute und ließen sich dafür bezahlen. Später, in unserer Zeit, ist das Sporttreiben sekundär und der Unterricht das Primäre. Und jetzt zieht ihr euch an, wenn ihr in die Schule geht. Und das wichtige ist, dass nicht nur Jungen Unterricht bekommen, sondern auch die Mädchen“.

Während der ganzen Zeit hatte Eule einige Kinder beim Spielen beobachtet; was sie spielten, faszinierte ihn. Sie hatten ein großes Labyrinth in den Sand gezeichnet, mit vielen Verzweigungen und Sackgassen, so dass man immer wieder auf Irrwege geführt wurde, bevor man das Ziel, das Zentrum, erreichte. Ziel des Spiels war es, durch die verschlungenen Wege dorthin zu kommen, und wer es schaffte, hatte mit einem schrecklichen Untier zu kämpfen, dem Minotaurus, der auf einem menschlichen Körper einen Stierkopf hatte. Wer ihn im Ringkampf besiegt, erhält zur Belohnung eine Hand voll

Nüsse und ein Stück süßen Gebäcks. Eule wusste recht gut, worum es ging, denn vor kurzer Zeit hatte er einen Aufsatz über den Minotaurus geschrieben, an den er sich jetzt erinnerte.

Der Stier im Labyrinth und der erste Flugversuch

Minos, ein Sohn des Zeus und der Europa, war der zukünftige König von Kreta. Er bat Poseidon, den Meeresgott, der sein Onkel war, um Hilfe in seinem Krieg mit Athen. Dieser sagte sie ihm zu, aber nur unter der Bedingung, dass das, was aus dem Meer emporsteige, ihm geopfert werde. Nach kurzer Zeit entsprang dem Meer ein wunderbarer großer Opferstier. Dieser gefiel Minos so sehr, dass er ihn behielt und stattdessen einen minderwertigen Stier opferte. Poseidon war wütend und ließ Pasiphaë, die Tochter des Sonnengottes Helios, die mit Minos verheiratet war, in Liebe zu diesem wilden Stier entbrennen. Sie ließ sich von Daidalus, einem berühmten Künstler, Techniker und Baumeister, eine künstliche Kuhform anfertigen, sodass der Stier sie lieben konnte. Sie gebar den Minotaurus, ein Mischwesen, das halb Mensch und halb Stier war. Minos wollte ihn töten lassen, aber seine Tochter Ariadne bat ihn, dies nicht zu tun. So ließ er sich von Daidalus, der mit seinem Sohn Ikarus auf Kreta weilte, ein Gefängnis in Form eines Labyrinths bauen, wohin er den Minotaurus verbannte. Später kämpfte Minos gegen Athen und seinen König Aigeus, der Minos' Sohn Androgeos getötet hatte. Minos besiegte Athen und forderte als Rache, dass ihm alle neun Jahre sieben Jungfrauen und sieben Jünglinge geschickt würden, damit er sie er dem Minotaurus opfern könne. Da machte sich Theseus, der Sohn des Aigeus, auf den Weg, um den Minotaurus zu töten".

„Ariadne, die Tochter des Königs, die sich in Theseus verliebt hatte, half ihm dabei. Sie gab ihm ein heiliges Schwert und, auf Anraten des Daidalus, ein Garnknäuel, das er abrollen sollte, um seinen Weg aus dem Labyrinth heraus zu finden. Sie warnte ihn davor, den Faden zu verlieren, denn sonst drohe ihm der sichere Tod. Theseus war erfolgreich, tötete den Minotaurus und verließ zusammen mit Ariadne die Insel Kreta. Auf der Insel Naxos trennte er sich auf Anraten von Dionysos von Ariadne, worauf sie sich vor Liebeskummer das Leben nehmen wollte. Dionysos, der Sohn von Zeus und der Menschenfrau Semele, der nach dem Tod seiner Mutter in den Schenkel von Zeus verpflanzt wurde, war der Gott des Weines. Er verliebte sich in Ariadne und schleuderte ihr ein mit Edelsteinen besetztes Diadem in den Himmel hoch, wo es zur Nördlichen Krone wurde, später als *Corona Borealis* bekannt, ein kleines Sternbild zwischen dem Herkules und dem Bärenhüter. Aus dieser Vereinigung ging ein Sohn hervor, Oenopion, der Gott des Weinbaus. Nach Ariadnes Tod holte Dionysos sie aus dem Hades in den Olymp".

„Minos war aber so erbost, dass er Daidalus in das Labyrinth sperrte. Dieser jedoch kannte einen geheimen Ausgang und verließ mit seinem Sohn Ikarus die Insel, indem er sich Flügel aus Vogelfedern, die mit Wachs zusammengehalten wurden, um die Schultern schlug. Er schaffte es, auf diese Weise Kreta zu verlassen; sein Sohn Ikarus dagegen näherte sich zu sehr der Sonne, das Wachs schmolz, und Ikarus stürzte ins Meer. Sein Vater war sehr traurig und nannte die Insel, in deren Nähe Ikarus abgestürzt war, Ikaria, und das Meer herum das Ikarische Meer, das in der östlichen Ägäis liegt".

„Und nun noch eines, was ich fast vergessen hätte", fügte der Erzähler hinzu. „Der Vater von Theseus war Aigeus, ein mythischer König von Athen. Sein Sohn Theseus hatte ihm versprochen, bei seiner erfolgreichen Rückkehr im Kampf mit dem Minotaurus weiße Segel zu setzen. Sollte er in diesem Kampf unterlegen sein, so würde das Schiff schwarze Segel hissen. In seinem Liebeskummer vergasβ Theseus die weißen Segel aufziehen zu lassen, denn Dionysos war in seinem Traum erschienen und stellte Ansprüche auf Andromeda. Als der Vater die schwarzen Segel sah, stürzte er sich von einer Klippe in das Meer, das heute noch seinen Namen trägt".

Wer gewinnt? Perseus und Medusa

Alle gingen nun weiter und wanderten durch einige Straßen, die von kleinen und auch größeren weiß getünchten Häusern umsäumt waren. Sie schlossen sich einer großen Gruppe von Menschen an, die sich von der Agora in ein theaterähnliches Stadium begab. Hinten waren noch ein paar Bänke frei, und sie setzten sich hin. Nach einiger Zeit trat ein Mann im Priestergewand auf die Bühne, hob die Hand, und mit einem Mal wurden alle ruhig. Der Mann räusperte sich und sprach: „Ich, der Hohepriester der Göttin Pallas Athene, und die anderen Priester begrüßen euch herzlich zu diesem Wettbewerb. Wir haben hier vorne drei Pulte für die drei Kandidaten aufgebaut, die an diesem Wettbewerb teilnehmen. Das Thema für heute ist Religion und Wissen. Wir werden den Kandidaten Fragen stellen und für die richtigen Antworten Punkte verteilen. Wer die meisten Punkte hat, gewinnt eine Reise nach Delphi, wo er oder sie der Wahrsagerin Pythia eine Frage stellen darf. Wie ihr wisst, ist Delphi der Mittelpunkt der Welt, festgelegt durch Zeus, der seine zwei Adler in verschiedene Richtungen schickte. Wo sie zusammen kamen, war der Mittelpunkt der Welt, und das war Delphi. Ich möchte noch einmal die Regeln wiederholen: Keine Hilfe von Anwesenden, weder gesprochen noch durch Zeichen. Nun bitten wir die drei Kandidaten einzutreten".

Zuerst kam ein Mann in ländlicher Kleidung, der seinen Namen mit Georgos angab, was auch bezeichnend für seine Tätigkeit war, denn er war Landmann. Der zweite gab seinen Namen mit Stefanos an und erwiderte, nach seinem Beruf gefragt, dass er für den Bildhauer Phidias arbeite. Der dritte Wettbewerber war eine Wettbewerberin namens Melissa, ein Name, der so viel wie Honigbiene bedeutet, und dieses Mädchen versuchte ihrem Namen alle Ehre zu verschaffen. Sie wollte gern Priesterin der Göttin Athene werden, befand sich jedoch noch in der Ausbildung. Sie fügte hinzu, dass ihre Freunde sie Meli oder Mel nannten. Daraufhin rief einer der Jungen ihr zu: „Hallo, Mel, hast du heute Abend etwas vor?" Der Priester ärgerte sich und sagte: „Keine Publikumsbeteiligung, bitte. Die Fragen stellen wir, und nur wir".

Ehe der Hohepriester die erste Frage stellte, hob er beide Hände gen Himmel und betete: „Möge Tyche, die Göttin der Schicksalsfügung, euch gnädig sein und euch mit Wissen aus ihrem Füllhorn überschütten. Und jetzt die erste Frage an Georgos: Wer war Perseus?". Georgos dachte nicht lange nach: „Perseus war der Sohn des Zeus und der Danaë". „Das ist richtig, aber was weißt du noch über ihn", fragte der Priester. Georgos dachte lange nach, schüttelte den Kopf und schwieg. Der Priester wandte sich dann Stefanos zu, der antwortete: „Danaës Vater war Akrisios, der König von Argos. Ihm wurde prophezeit, dass der Sohn seiner Tochter ihm zum Verhängnis werden würde. Er ließ sie und ihre Amme deshalb in den Keller seines Palastes in einem Bronzekäfig einsperren, wo sie von gefährlichen Hunden bewacht wurden. Zeus erschien Danaë in Form eines Goldregens und befreite sie. Er brachte sie auf ein Schiff; und mit Hilfe seines Bruders Poseidon gelangten sie auf eine Insel, wo sie ihren Sohn Perseus gebar".

Hier schwieg Stefanos; das war alles, was er wusste. „Wie geht es weiter?“, fragte ihn der Hohepriester. Der Kandidat war verlegen und schüttelte den Kopf. Da wandte sich der Hohepriester Melissa zu und fragte, ob sie etwas hinzufügen könnte. Melissa war schon die ganze Zeit sehr aufgeregt und konnte sich kaum zurückhalten „Ja, wenn ich darf, möchte ich noch einiges sagen“. „Ja du darfst“, erwiderte der Hohepriester lächelnd, „aber bevor du uns mit deiner Weisheit erleuchtest, möchte ich unseren Sponsoren danken, die diesen Wettbewerb möglich gemacht haben. Wir danken besonders der thalattanischen Schiffswerft, die es verstanden hat, unsere Kriegsschiffe mit einem gefährlichen Rammsporn und gestärkten Bug herzustellen, der die Aufprallwucht gut abfedern kann. Das verhindert, dass die Ruderer, die auf drei übereinanderliegenden Ruderbänken sitzen, durcheinanderpurzeln. Unser zweiter Sponsor ist die Leucippos-Democritos-Akademie, die, wie ihr alle wisst, dem Glauben huldigt, dass alles auf dieser Erde aus Atomen besteht“. Nachdem die Anwesenden gebührend ihren Dank durch Klatschen bewiesen hatten, fuhr Melissa fort:

„Bevor ich fortfahre, dürfte ich um ein Glas Wasser bitten, denn was ich jetzt zu erzählen habe, ist so absolut schrecklich, dass mein Mund wie das Schmiedefeuer des Feuergottes Hephaestus brennt. Denn jetzt muss ich über Medusa sprechen, das schrecklichste Monstrum, das die Welt je hervorgebracht hat“. Der Hohepriester reichte ihr ein Glas, das sie begierig trank. Dann fuhr sie fort:

„Medusa war zuerst sehr, sehr schön, sodass sich Poseidon, der Gott des Meeres und der Erderschütterung, in sie verliebte. Er näherte sich ihr in der Gestalt eines Pferdes im Tempel der Athene auf der Akropolis. Die Göttin überraschte sie jedoch bei ihem Schäferstündchen, und in ihrem Zorn verwandelte sie Medusa in ein schreckliches Ungeheuer mit Schlangenhaaren, einem Schuppenpanzer, mit glühenden Augen, bronzenen Händen und einer langen Zunge, die ihr aus dem Mund hing. Jeder, der sie ansah, erstarrte augenblicklich zu Stein“.

„Perseus wollte die Welt von diesem Scheusal befreien, und er machte sich auf den Weg. Perseus allerdings konnte diese heroische Tat nicht alleine vollbringen. So kamen ihm die Götter zur Hilfe. Von Athene hatte er einen glänzenden Bronzeschild erhalten und von Hermes eine scharfe Sichel und auch den Rat, zu den Gorgonen, den unsterblichen Schwestern Medusas zu gehen, um herauszufinden, wo Medusa hauste".

Da hörte Schmuddelfink, wie ein etwas älterer Junge seinem Bruder ins Ohr flüsterte: „Da siehst du nun wieder, wie die Mythologie Gegensätze überbrückt. Hermes, der Sohn und Botschafter des Zeus, derjenige, der die Seelen in die Unterwelt führt, der Schutzgott der Reisenden und der Wirtschaft ist auch der Schutzgott der Diebe. Athene dagegen ist die Göttin der Weisheit. Diese beiden so verschiedenen Gottheiten arbeiten zusammen, um Perseus zu helfen. Manchmal habe ich Schwierigkeiten zu verstehen, wie Diebstahl und Weisheit zusammengehen. Vielleicht bedeutet es, dass Diebe weise sein müssen, um nicht erwischt zu werden".Der Hohepriester hatte das Tuscheln gehört und sagte ärgerlich: „Ich möchte um Ruhe bitten, bitte keine Zwischenbemerkungen". Danach fuhr Melissa fort: „Perseus machte sich nun auf den Weg zu Medusa. Er konnte Medusa nur töten, indem er sich ihr rückwärts näherte und nur ihr Abbild in seinem polierten Schild sah. Er näherte sich der schlafenden Medusa und schlug ihr mit der Sichel den Kopf ab, steckte ihn in den Tornister und gab ihn Athene, die ihn auf ihren Schild heftete, sodass alle ihre Gegner, die es sahen, zu Stein verwandelt wurden. Aus der blutenden Wunde entsprang das Flügelpferd Pegasus und der Riese Chrysaor, der später als starker Krieger bewundert wurde, beides Geschöpfe des Poseidon, der ja die Gestalt eines Pferdes angenommen hatte, als er sich Medusa näherte. Das Blut gab Athene Asklepios, dem Sohn des Apollon und der thessalischen Fürstentochter Koronis. Asklepios ist, wie ihr alle wisst, auch der Gott der Heilkunst und seine Tochter Hygeia die Göttin der Gesundheit. Dieses Blut gab Asklepios magische Kräfte, die ihn auch befähigte, Tote wieder zum Leben zu erwecken. Das Blut erklärt auch die Schlange, die sich um den Äskulapstab windet, denn Medusa hatte ja Schlangenhaare".

Dann schwieg Melissa; sie war erschöpft und holte tief Luft, denn sie hatte fast vergessen zu atmen. Die Preisrichter schrieben rasch eine Zahl auf ihren Papyrus; als der Hohepriester nach dem Resultat fragte, zeigte sich, dass Georgos sechs Punkte hatte, Stefanos ebenfalls. Melissa siegte jedoch mit zehn Punkten.

Phaëthon, ein Teenager ohne Führerschein – Hatte Antigone richtig gehandelt?

Der Höhepunkt der Veranstaltung war, dass die hochgebildete Aspasia von Milet, die zweite Frau des Staatsmannes Perikles, die einen Philosophenclub führte und eine berühmte Rednerin war, den Preis überreichte. Dann ergriff der Hohepriester wieder das Wort und sagte: „Wir haben noch einen zweiten Preis, nämlich zwei Freikarten für das Theaterstück *Antigone* des Sophokles, das morgen Abend in unserem Dionysostheater gegeben wird. Der Kandidat muss nur eine einzige Frage beantworten. Wer von euch beiden“, und hier wandte er sich Georgos und Stefanos zu, „möchte es wagen?“. Stefanos hob sofort die Hand. „Also“, sprach der Hohepriester: „Wer war Phaëthon?“. Der Kandidat erblasste, denn er wusste die Antwort nicht. Melissa meldete sich und sagte: „Er ist der Sohn des Sonnengottes Helios. Da er bei seinem Vater einen Wunsch frei hatte, erbat er sich, den vierspännigen Sonnenwagen zu steuern. Der Vater versuchte ihn davon abzubringen, denn er war zu jung, um die vier Feuerrösser bändigen zu können. Der Teenager aber bestand auf seinem Wunsch und bestieg bei Tagesanbruch den Wagen, verlor jedoch bald die Herrschaft über das wilde Viergespann und leitete die Pferde aus der Bahn. Der Sonnenwagen näherte sich zu sehr der Erde und steckte sie in Brand. Gaia, die Erde, bat Zeus um Hilfe, und dieser schleuderte einen Blitz auf den Wagen, der ihn vollkommen zerstörte. Phaëthon fiel ins Meer und ertrank. Seine Schwestern, die Heliaden, waren sehr traurig, denn sie hatten ihn recht gerne. Sie beklagten ihn am Rande des Meeres und wurden dort in Pappeln verwandelt, aber ihre Tränen flossen als Pflanzenharz weiter, und wir haben sie heute als Bernstein“. „Das hast du gut gemacht“, sagte der Hohepriester, „du hast die zwei Preise gewonnen. Du darfst nach Delphi gehen, um dort der Pythia eine Frage zu stellen, und du hast zwei Freikarten für die Vorstellung der *Antigone* des Sophokles. Ich bin überzeugt, dass du weißt, worum es in dieser Tragödie geht. Ich bin allerdings nicht überzeugt, dass das auch deine Freunde wissen. Darum hier einige Erinnerungsstützen:

„Laios, der König von Theben, befragte einmal das Orakel in Delphi nach seinem Schicksal. Die Pythia sagte ihm, dass sein eigener Sohn ihn töten und dann seine eigene Mutter heiraten würde. Laios stand nämlich unter einem Fluch, da er die Gastfreundschaft des Königs Pelops missbraucht hatte, dessen

Sohn er entführen wollte. Laios hatte Angst um sein Leben, durchstach die Füße seines neugeborenen Sohnes und setzte ihn aus".

„Ein Hirt erbarmte sich seiner, und der Junge wurde von König Polybos von Korinth adoptiert. Wegen seiner geschundenen Füße nannte man ihn Ödipus, d.h. Schwellfuß. Jemand hinterbrachte Ödipus das Gerücht, dass er nicht der leibliche Sohn des Königs sei. Er ging deswegen zum Orakel und fragte Pythia nach seiner Herkunft. Das Orakel beantwortete seine Frage nicht, ließ ihn aber allerdings wissen, dass er seinen eigenen Vater töten und seine eigene Mutter heiraten werde. Ödipus, der beide vermeintlichen Eltern liebte, verließ sie, um das Orakel nicht zu erfüllen. Auf seinem Weg traf er Laios, den er nach einem kurzen Wortwechsel tötete. Er ging weiter und löste das Rätsel der Sphinx: Wer ist es, der in der Früh auf vier Beinen geht, zu Mittag auf zwei und am Abend auf drei? Ödipus hatte die richtige Lösung: der Mensch. Die Sphinx stürzte sich daraufhin in das Meer. Ödipus heiratete dann Iokaste, seine eigene Mutter und zeugte vier Kinder mit ihr: Eteokles, Polyneikes, Antigone und Ismene. Als Ödipus erfuhr, dass er seinen Vater erschlagen und seine Mutter geheiratet hatte, stach er sich die Augen aus und wanderte blind durch das Land. Iokaste erhängte sich an ihrem Schleier".

„Nach dem Tod des Ödipus bekriegten sich seine zwei Söhne um die Herrschaft von Theben. Polyneikes wurde von seinem Bruder vertrieben, sammelte ein Heer und zog gegen seinen Bruder zu Felde. Beide Brüder starben in einem Duell. Kreon, ihr Onkel, hatte die Herrschaft von Theben übernommen und verordnet, dass Polyneikes wegen Landesverrats nicht begraben werden sollte. Derjenige, der dieser Anordnung nicht Folge leistete, würde mit dem Tod bestraft werden. Antigone folgte jedoch ihrem Gewissen und bestattete ihren Bruder symbolisch, indem sie eine Handvoll Erde auf ihn warf, so dass er Einzug in den Hades nehmen konnte. Kreon bestrafte sie, indem er sie lebendig einmauern ließ, obwohl sie mit seinem Sohn Haimon verlobt ware".

Der Hohepriester wandte sich Melissa zu und sagte: „Eine Frage an dich. Stell dir vor, du bist die beste Freundin von Antigone, und sie bittet dich um Rat. Welchen Rat würdest du ihr geben: Bestatten und damit der Stimme ihres Gewissens folgen, was den sicheren Tod bedeutet – oder nicht bestatten, dem Gesetz folgend, um weiterzuleben? Überlege es dir gut". Ohne lange zu überlegen antwortete Melissa: „Ich hätte genauso gehandelt wie Antigone, denn sie war ja die Schwester, und sie wollte doch, dass ihr Bruder in die Unterwelt kam". Der Hohepriester lächelte und sagte: „Das ist eine gute Antwort. Ich gratuliere dir auch zu deinem Erfolg". Kurz danach wurden die Öllampen ausgelöscht, und die Opferschalen wurden wieder verstaut.

Als alle wieder auf die Straße gingen, hörte Eule, wie einer der Jungen zu seinem Freund sagte: „Die Sache mit der Pythia ist doch ein recht zweischneidiges Schwert, denn man weiß nie richtig, wie man ihre Prophetie interpretieren soll. Letztes Jahr habe ich die Reise nach Delphi gewonnen und Pythia gefragt, was ich bei meiner Rückkehr zu Hause zu erwarten habe. Sie hat gesagt: Du wirst eine sehr große Überraschung erleben. Ich habe mich bei meiner Rückreise auf diese Überraschung sehr gefreut und mir vorgestellt, was es sein könnte; vielleicht ein Pferd oder einen Hund, den ich mir schon immer gewünscht habe, oder eine Reise nach Ithaka, wo Odysseus König gewesen ist. Dann kam ich nach Hause, voller Erwartung und fast atemlos. Die Überraschung kam sogleich: Eine ganze Woche Hausarrest, denn ich hatte vergessen, die Blumen zu gießen, als meine Eltern ihre Verwandten in Sparta besuchten. Das war die von Pythia angekündigte Überraschung!!!". Der Freund sagte: „Recht hast du. Mein Freund hatte Pythia einmal gefragt, wie er in der Schule abschneiden würde, denn da hatte er einige Schwierigkeiten. Pythia sagte ihm, dass er der Erste seiner Klasse sein werde. Voller Freude kehrte mein Freund zurück und teilte die Voraussage auch seinen Eltern mit, die allerdings recht skeptisch waren. Am Jahresende, als es zur Versetzung kam, rief sein Lehrer ihn zu sich und sagte: ‚Du musst die Klasse leider wiederholen. Du bist der Erste, der hier an dieser Institution durchgefallen ist'. Pythia hatte recht gehabt, denn ich war der Erste, allerdings etwas anders, als ich es mir vorgestellt hatte".

Beim Verlassen des Zeltes waren alle so nachdenklich, dass der Professor sie fragte, was das Problem sei. Eule gab nach einigem Zögern die Antwort: „Hätte der Hohepriester mich gefragt, wie ich in diesem Fall gehandelt hätte, wäre mir die Antwort schwergefallen. Das ist im wahrsten Sinne des Wortes eine tragische Entscheidung. Wir haben in der Klasse Hochhuths Erzählung *Die Berliner Antigone* als Lehrstück der postfaschistischen Epoche behandelt. Ich erinnere mich, dass Anne die Leiche ihres Bruders aus der Anatomie entfernt hat, der in einer Brandnacht umgekommen war. Die Leiche sollte dort zu Versuchszwecken missbraucht werden. Sie bestattete ihn auf dem Berliner

Invalidenfriedhof und wurde deshalb 1943 durch Enthauptung von den Nazis hingerichtet. Wir haben es dann mit Brechts *Antigone* verglichen, die von Hölderlin übersetzt worden ist. Brecht hatte aber ein Vorspiel hinzugefügt: Zwei Schwestern kommen 1945 nach einem Alarm aus dem Luftschutzkeller und finden in der Wohnung ihren Bruder vor, der desertiert hatte. Der Bruder wird von der SS gefunden und an einem Fleischerhaken an der Wohnungstür erhängt. Wer ihn herunternimmt, wird den Schwestern gesagt, soll dasselbe Schicksal erleiden. Eine Schwester tut es trotzdem und spricht sich dadurch ihr eigenes Todesurteil aus. Es scheint, dass *Antigone* so um 442 v. Chr. verfasst wurde, aber auch, dass die Antike mit ihren Themen sehr zeitnah ist, vielleicht zu zeitnah“.

Mit einem Mal rief Schmuddelfink: „Einen Augenblick, bitte. Wo ist Heupferd?“. Alle schauten sich um, aber Heupferd war nicht zu sehen. Heupferd hatte sich abgesondert und war in das Nachbarzelt geraten, vor dem der Priester der Aphrodite stand, auf einen großen Gong schlug und die Leute bat, in das Zelt zu kommen: „Wir veranstalten hier einen Wettbewerb, bei dem der Gewinner einen Preis bekommt. Einer wird der Glückliche sein“. Heupferd hörte interessiert zu. Er hatte vor dem Zelt ein Zehndrachmenstück gefunden, das jemand verloren hatte, und ging schnell zu einem Kleiderhändler, wo er zwischen einem Himation und einem Pharos schwankte, beides mantelartige Überwürfe aus Wolle in seiner Größe. Er wählte das Himation aus, das ihm sehr gut passte. Dann eilte er zum Zelt der Aphrodite zurück, ging hinein, setzte sich auf die letzte Bank und wartete darauf, was passieren würde. Es dauerte nicht lange, und ein Priester betrat die Bühne und hob beide Hände. Sofort wurde es ruhig, und dann sprach er: „Wir haben hier einen Wettbewerb. Die Regeln sind folgende: Wir lesen einen Text vor, und die Teilnehmer müssen entscheiden, ob dieser Text stimmt oder nicht. Wer die richtige Antwort gibt, darf zu Füßen der Aphrodite die Opferschale aufstellen. Wir haben hier Lose, um herauszufinden, wer spielen darf“.

Heupferd zog das erste Los, ein schon etwas angegrauter Mann ging auf die Bühne, dem man ansah, dass er Steinmetz war. Eine Frau, die ihren Beruf mit Hebamme angab, folgte ihm. Dann winkte der Priester Heupferd zu, dessen Los er gezogen hatte, und bat ihn auf die Bühne zu kommen. Das hatte Heupferd nicht erwartet. Er stand auf und steuerte dem Ausgang zu. „Hierher, auf die Bühne“, rief der Priester, „wir sind hier vorne, nicht da hinten“. Die anderen lachten und machten ihm Platz. Heupferd marschierte etwas widerstrebend nach vorn. Der Priester schaute ihn an und sagte: „Ich brauche dich nicht zu fragen, was deine Eltern und du machen, denn du trägst den Geruch ihres Gewerbes auf deiner Haut. Sie sind im Heugeschäft und beliefern wahrscheinlich die Pferde und Maulesel unserer tapferen Soldaten mit Heu, und du hilfst ihnen dabei. Du und deine Eltern, ihr seid wahre Patrioten, denn der Peloponesche Krieg zwischen dem Attischen Seebund und Sparta ist sehr gefährlich. Ich wünschte allerdings, du würdest dich mehr waschen, es sei denn, du läufst hier als Reklamemacher für das Geschäft der Eltern herum“. Heupferd sagte kein Wort, nahm sich aber vor, nach der Rückkehr den Worten des Priesters Folge zu leisten. Dann gab der Priester noch einmal die Regeln des Wettkampfes bekannt: „Ihr müsst nur bestimmen, ob der Text, den ich jetzt vorlese, authentisch ist, d.h. ob er wahr ist oder nicht. Der Gewinner darf der Göttin Aphrodite die Opferschale bringen. Möge euch Tyche mit ihrem Füllhorn hilfreich zur Seite stehen, und es über euch ausschütten“. Hier nun ist der Text:

Wann ist ein Niemand ein Jemand? Odysseus und der Kyklops

„Nachdem Odysseus Troja verlassen hatte, kam er mit seinem Schiff zur Insel der Kyklopen. Zusammen mit zwölf Gefährten landete er in einem kleinen Boot auf der Insel. Zunächst sah er keinen Menschen, denn alle Bewohner der Insel hüteten ihre Herden, die am Bergabhang ihre Nahrung suchten. Odysseus schaute sich um und sah eine Grotte am Rande des Gebirges. Er und seine Genossen gingen hinein und schauten sich um. Als sie die Höhle verlassen wollten, war ein großer Felsbrocken vor die Öffnung gerollt, so dass sie nicht hinauskamen. Mit einem Mal rollte er zur Seite und ein Kyklop kam herein. Er war riesengroß und hatte nur ein Auge in der Mitte seiner Stirn. Als der Kyklop ihn nach seinem Namen fragte, antwortete Odysseus:

Niemand ist mein Name; denn Niemand nennen mich alle,
Meine Mutter, mein Vater, und alle meine Gefährten.

Der Kyklop versperrte erneut den Eingang zur Höhle, und als die Griechen sich zum Schlafen hinlegten, nahm er einen von ihnen und verspeiste ihn. Dasselbe tat er am zweiten Tag. Da hatte Odysseus einen Einfall. Er hatte noch Wein bei sich, den er dem Kyklopen zu trinken gab, und als dieser fest schlief, nahmen Odysseus und seine Gefährten einen Pfahl, spitzten ihn an, erhitzten ihn im Feuer und stachen dem Kyklopen das Auge aus. Mit vereinten Kräften und mit Hilfe der Götter stemmten sie den Felsbrocken vor dem Eingang der Höhle zur Seite. Der Kyklop schrie vor Schmerz und wollte die Gefangenen ergreifen. Diese aber verbargen sich unter dem Bauch der Schafe, die sich in der Höhle befanden; beim Hinauslaufen entdeckte der Kyklop, der nur die Rücken der Schafe abtastete, sie jedoch nicht. Die Griechen eilten zum Strand, wo die zurückgelassenen Gefährten schon auf sie warteten, bestiegen das Schiff und ruderten schnell auf das Mutterschiff zu. Der Kyklop stand auf der Spitze des Berges, warf Felsbrocken in die See und schrie vor Schmerz. Als die anderen Kyklopen aus ihren Höhlen kamen und ihn fragten, wer ihn denn geblendet habe, sagte er: ‚Es war Niemand'. Die anderen Kyklopen wandten sich ab und sagten: ‚Wenn es niemand war, können wir dir nicht helfen'. So rettete Odysseus sich und seine Gefährten aus der Gefahr. Als das kleine Boot sich dem Mutterschiff näherte, drehte sich Odysseus um und rief dem Kyklopen zu: ‚Ja, es war Niemand, der dich geblendet hat' ".

Hier hörte der Priester auf und fragte die drei Teilnehmer: „Stimmt der Text, oder stimmt er nicht?". Der Steinmetz und die Hebamme nickten zustimmend und sagten zusammen: „Ja, das ist der richtige Text". Als Heupferd das hörte, war er überglücklich, denn bei einer Schulaufführung hatte er diese Stelle als Odysseus gespielt, und er kannte sie auswendig. Er rief dem Priester zu: „Der Text ist richtig, bis auf die letzte Stelle. Als Odysseus die Insel der Kyklopen verließ, sagte er nicht, dass es Niemand war, der den Kyklopen geblendet hatte. Er war ja jetzt weit weg von ihm, auf hoher See, und so konnte er die Wahrheit sagen. Und diese war:

Hör, Kyklope! Sollte dich einst von den sterblichen
Menschen Jemand fragen, wer dir dein Auge verletzt hat.
Sag' ihm: Odysseus, der Sohn Laertes, der Städteverwüster,
Der in Ithaka wohnt, der hat mein Auge geblendet!".

Heupferd stieß diese Verse so schnell heraus, dass die anderen Schwierigkeiten hatten, ihm zu folgen. Der Hohepriester schaute ihn lange an und sagte dann: „Das hast du gut gemacht! Aus dir wird noch etwas Vernünftiges werden, denn du bist recht intelligent. Ich grüße deine Eltern, wo sie auch immer zu Hause sind. Sage ihnen auch, dass sie dich gut erzogen haben. Ich gratuliere dir zu deinem Erfolg. Deine Belohnung ist, die Opferschale zur Statue der Liebesgöttin bringen zu dürfen. Aber so, wie du riechst, wäre es eine Götterschande. Ich habe hier ein Elixier der Aphrodite, das dich den Menschen angenehm macht, besonders den Frauen und den Mädchen. Ich werde dich damit einölen; dann kannst du die Opferschale zu Füßen der Liebesgöttin aufstellen". Er tat es, und Heupferd begab sich zu Aphrodite und stellte ihr die Opferschale auf. Er schaute dabei in ihr liebliches Gesicht, das aussah wie das Gesicht von Helena, und es war ihm, als ob sie auf ihn hinab lächelte. Aber vielleicht tat sie es nicht, und er bildete es sich nur ein. Dann drehte er sich um, und da es schon spät war, verabschiedete er sich von allen und eilte zum vereinbarten Treffpunkt. Er hatte fest vor, seinen Eltern die Bemerkungen des Hohepriesters auszurichten, obwohl er Zweifel hatte, dass sie ihm glaubten.

Am Markt waren die anderen froh, dass Heupferd nicht verloren gegangen war. Alle hatten so viel gesehen und gehört, dass sie nicht mehr in der Lage waren, noch etwas Neues aufzunehmen. Der Professor wartete schon auf sie, und sie stiegen in das Zeitmobil ein. Heupferd saß jetzt neben Helena und war sehr glücklich darüber. Helena schaute ihn lange an, atmete tief und fragte ihn dann: „Sag mal, trägst du Parfum? Es riecht wirklich prima! Hättest du Lust, morgen mit mir zum Fußballspiel zu kommen? Mein Vater hat mir zwei Karten geschenkt; ich habe eine übrig. Nach dem Spiel könnte man ja eine Pizza mit Salami, Schinken, Pilzen, Sardellen und Käse essen. Die könnten wir uns ja teilen". Heupferd war so aufgeregt, dass er nur glücklich mit dem Kopf nicken konnte. Und dann 1, 2, 3 waren sie wieder zu Hause.

Bevor sie sich verabschiedeten, sagte Eule dem Professor: „Das alles war sehr schön, und jetzt weiß ich auch bedeutend mehr über die Antike als vorher. Nur eines verstehe ich nicht. Warum heißt dann das Luxusmodell des VW-Konzerns Phaeton? Phaëthon widersetzte sich doch dem Ratschlag seines Vaters, steckte mit dem Sonnenwagen die ganze Erde in Brand und stürzte ab. Ist das nicht ein bisschen weit hergeholt? Wieso kamen die Griechen auf die

Idee, dass die Welt abbrennen könnte?". Der Professor dachte lange nach und sagte dann: „Für die Modellbezeichnung Phaeton war wahrscheinlich der Name ausschlaggebend, denn Phaëthon bedeutet im Griechischen ‚Der Strahlende', ein ziehender Name für diese Stufenheck-Limousine der Oberklasse. Aber das Modell verkauft sich schlecht in Deutschland, und es scheint, dass die Menschen genau wissen, was mit Phaëthon geschehen ist".

„Die Griechen waren sehr gut, nicht nur in den Künsten, sondern auch in den Naturwissenschaften. Sie konnten aber nicht alle Naturphänomene wissenschaftlich erklären. Zur Klärung benutzten sie die Mythologie. Ich glaube, dass in der griechischen Vergangenheit einmal ein großer Meteor auf die Erde gefallen ist und große Teile der Erdoberfläche in Brand gesteckt hat. Im Zeichen der Not und der Katastrophen halfen dann nur die Götter, in diesem Fall Zeus, der Gaia half, unsere Erde vor der völligen Vernichtung zu bewahren. Für die Menschen der damaligen Zeit war das durchaus verständlich, denn die Götter hielten ihre schützende Hand trotz ihrer Zwistigkeiten und Intrigen immer über die Erde und die Menschen, wenn ihnen Unheil, Zerstörung, Barbarei und Inhumanität drohte. Ich glaube auch, dass die Menschen Mythen brauchen, um die Welt besser zu verstehen und begreifbar zu machen. Und nun wünsche ich dir eine gute Nacht, und wenn meine Zeitmaschine es aushält, könnten wir damit eines Tages einen neuen Trip wagen".

Aber dazu kam es nicht. Der Professor zog bald zu seiner Tochter in Israel. Helena und Eule blieben zusammen, heirateten und hatten zwei Kinder, und Heupferd wurde Landwirt. Er belieferte die anderen Bauern mit Heu, denn er war ja Experte in diesem Produkt. Sie trafen sich alle drei Jahre wieder und dachten an ihre Erlebnisse in der antiken Welt zurück. Frl. Baldanders war natürlich auch dabei. Sie hatte sich ausgependelt, hatte einen festen Charakter entwickelt, hatte klassische Philologie studiert, war Professorin in Berlin, und spezialisierte sich auf Mythen. Sie hatte auch einen kleinen Hund, den sie Argos nannte. Dieser Hund hatte zwar nicht hundert Augen, sah aber bedeutend mehr als sie, denn sie war recht kurzsichtig.

Teil II

Die Reise in die nicht so ferne Zukunft

Drum prüfe, wer sich ewig bindet

Der Pfarrer räusperte sich, strich sein Beffchen glatt, wandte sich dann dem Bräutigam zu und fragte ihn:

> Nehmen Sie Ihre Braut an als Ihre Frau und versprechen Sie, ihr die Treue zu halten in guten und bösen Tagen, in Gesundheit und Krankheit, und sie zu lieben, zu achten und zu ehren, bis dass der Tod Euch scheidet?

Horst, der etwas nervös war, nickte mit dem Kopf, sprach dann doch ein lautes Ja, indem er zuerst den Pfarrer anschaute, dann aber den Kopf wendete und Lilly liebevoll betrachtete. Er hatte sich seine Wahl sehr gut überlegt. Kennengelernt hatte er Lilly auf einem Maskenball, zu dem er zuerst hatte gar nicht hingehen wollen, denn er hasste solche Bälle. Damals überwand er sich. Bei dem Ball angekommen, ging er in den Saal hinein, in dem sich schon viele Paare nach der Musik drehten, die von einer Musikgruppe des Planeten Venus angeboten wurde. Horst setzte sich an einen Tisch und da sah er etwas ganz Seltsames: Ein Hummer glitt an seinem Tisch vorbei, mit langsamen graziösen Schritten, mit großen schwarzen Augen und einem rotschimmernden Kostüm. Horst war jetzt Feuer und Flamme, denn Muscheln und Hummer gehörten zu seinen beiden Lieblingsspeisen. Und wenn es heißt, Liebe geht durch den Magen, so hatte dieser Spruch sich auch hier bewahrheitet. Horst lief der Hummerfrau hinterher, bat sie um einen Tanz und war glücklich. Er bemerkte zuerst gar nicht, wie die Fühler dieses Meerestieres langsam über seine Wangen strichen, um herauszufinden, welcher Strom seine Herzmuskelatur bediente.

Die Hummerfrau, die spätere Lilly, tastete seine Stromzufuhr ab, um Pannen zu vermeiden. Einige ihrer Freundinnen hatten das nicht getan. Später hatten diese herausgefunden, dass ihr Herz auf Gleichstrom geeicht war, die Stromquelle ihres Partners, ihres späteren Mannes, allerdings auf Wechselstrom, und es dauerte nicht lange, bis dieser sich von seiner Teilstreckenfrau scheiden ließ. Auch der Herzmuskelstromtest war manchmal nicht hundertprozentig akkurat. Die Hummerfrau allerdings fand schnell heraus, dass ihr Tanzpartner genauso wie sie auf Gleichstrom geeicht war, und dann fühlte Horst wie die großen Knackscheren dieses Speisezetteltieres ihn fester umarmten und an die geschuppte Brust der Tanzpartnerin pressten. Er bemerkte auch, dass sich der Hummerschwanz in die Höhe gehoben hatte, was mehr als ein bloßes Interesse seiner Tanzpartnerin bedeutete. Die großen schwarzen Augen des Hummers sahen ihn an – und er war gefangen! Er hatte allerdings nichts dagegen und schaute Lilly an.

Diese war allerdings recht nachdenklich, denn viele Gedanken gingen ihr durch den Kopf. Zum Beispiel: Hatte sie den richtigen Entschluss gefasst, Horst zu heiraten? Sie dachte noch einmal nach, was sie zu diesem Entschluss bewogen hatte. Sie erinnerte sich dabei an ihre Schulzeit, als ihr Physiklehrer den Schülern und Schülerinnen die Sinuswellen erklären wollte. Er befestigte einen langen Strick an der Wand und bat Lilly, diesen Strick am Ende in Schwingungen zu versetzen. Lilly tat es. Dann sah sie etwas Sonderbares. Die Schwingungen wurden von der Wand zurückgeworfen und kreuzten die gegen die Wand gerichteten zurückgeworfenen Schwingungen. Wo das geschah, gab es einen Knoten im Strick, der sich nicht bewegte.

Dieses Bild prägte sich tief in ihr Gehirn ein, und Lilly transferierte es aus dem Bereich der Physik in ihren persönlichen Lebensbereich. Ihr Wunsch war, dass ihr Leben sich wie die Sinuswellen bewegen sollte, durchzogen von Ruhepunkten. Aber das war nicht der Fall, und Lilly fand schnell heraus, dass ihr Leben mehr *ups and downs* hatte als Equilibria. Aber sie hoffte, dass sich das mit der Heirat ändern würde, wenn der Partner beim Nachhausekommen sagt: „Es ist gut, dass du wieder hier bist. Ich habe mich so einsam gefühlt, und ich habe mich so nach dir gesehnt“. Ihr Wunsch war, einen solchen Biotop, einen solchen Lebensraum in einer Lebensgemeinschaft zu haben, der einem wieder Energie und Kräfte gab, das Leben zu bestehen. Ein menschliches Habitat, das Dauer in einer wechselhaften Welt bedeutete, das der Unterhaltung und der geistigen Anregung gewidmet war. Und einen solchen Biotop sah sie in einer Gemeinschaft mit Horst.

Dann aber kam wieder Zweifel auf. Hatte sie nicht etwas schnell gehandelt? Der Herzmuskelstromtest war ja nur ein Test, während eine Ehe viel komplizierter ist. Es gab ja viele Gründe zu heiraten, aber auch viele Gründe dagegen. Zu den Gegengründen gehörte der Gedanke, dass sie bereit sein musste, Kompromisse zu schließen, was bedeutete, auf einen Teil ihrer vorgeschlagenen Forderungen zu verzichten. Das war schwierig für sie, denn sie war sehr unabhängig und konnte sehr gut ihre eigenen Beschlüsse fassen. Konnte es bei einem Konsens dann nicht passieren, dass Beide sich auf etwas einigen, was keiner von ihnen wirklich haben wollte? Was machte sie, wenn sie gern Sushi essen wollte, er aber nicht? Oder wenn sie lieber an den Strand fahren wollte, er aber zuhause in seinem iPad ein Buch las? Oder wenn er bei der Arbeitsverteilung sich immer die leichteste Aufgabe aussuchte? Und das Schlimmste, was ihr passieren konnte, war doch, dass er sie anschrie, denn das fand sie direkt demütigend, und sie war doch nicht schwerhörig.

Dann aber musste sie daran denken, dass eine Ehe auch viele Vorteile bot. Lilly war gern mit ihren Freundinnen zusammen, die aber fast alle verheiratet waren, und Lilly fühlte sich dann immer wie das fünfte Rad am Wagen. Apropos Freundinnen: Die meisten von ihnen waren nicht nur einmal verheiratet, sondern mindestens fünf- oder sechsmal; sie führten Teilstreckenehen. Der Verlauf einer solchen Ehe war immer derselbe: Man verliebt sich, verheiratet sich, dann entliebt man sich, und endlich entfernt man sich. Die Floskel: „Bis dass der Tod Euch scheidet", war also in ihrem 22. Jahrhundert, in dem sie jetzt lebten, recht fragwürdig, außer man bedenkt, dass mit jeder neuen Ehe die alte Liebe zu Grabe getragen wird. Und unwillkürlich musste sie an die Worte eines alten Dichter-Philosophen denken, der einmal gesagt hatte, dass man sich den Partner oder die Partnerin genau anschauen und sich die Frage stellen sollte, ob dass der oder die Richtige sei, mit dem oder der man Zeit seines Lebens im Gespräch verbringen möchte, denn das Gespräch zwischen Gatten ist der Kitt, der die Ehe zusammenhält und interessant macht. Vielleicht hatten ihre Freundinnen jemanden geheiratet, der das Quidditchspiel, bei dem die jungen Leute auf fliegenden Besen dem kleinen Ball nachjagten, der Unterhaltung vorzogen. Und die Unterhaltung war ein Pluspunkt, Horst zu heiraten, denn er konnte recht interessant sprechen, hatte viel Humor, der sie zum Lachen brachte, hatte einen guten Job, der ihm viel Geld einbrachte, und er war auch über alle wichtigen Ereignisse sehr gut informiert. Außerdem sah er wirklich sehr gut aus. Also gab sie dem Pfarrer ihr gut überlegtes Ja, als er sie schon das zweite Mal gefragt hatte. Als Horst erleichtert aufatmete, sah sie ihn prüfend an und war mit ihrer Wahl sehr zufrieden.

Als sie Hand in Hand die alte Kirche verließen, hörte Lilly eine musikalische Komposition, die Erinnerungen zurück brachte. Es war Suite No.1 von Edward Griegs *Peer Gynt*, betitelt Morgenstimmung, wofür man auch Morgendämmerung sagen könnte. Sie hatte dieses Stück schon beim Begräbnis ihres Großvaters gehört, und sie assoziierte diese Komposition nicht mit der Morgendämmerung, also der Zeit vor Sonnenaufgang, sondern mit der Abenddämmerung, in der das Licht des Tages dem Dunkel der Nacht weicht. Man wusste also nie, was das Wort Dämmerung im Deutschen wirklich bedeutet – entweder den Anfang oder das Ende. Lilly musste allerdings bei dem Wort Morgendämmerung immer an Morgengrauen denken, und das Grauen beschrieb genau ihr Gefühl, wenn sie diese Musik vernahm.

Das Lied war also nicht ihre Wahl. Sie hatte einmal in einem Antiquitätengeschäft eine Musikscheibe ergattert, auf der ein Schnulzensänger lautstark mit seinem „I did it my way“ seine Lebensphilosophie musikalisch umgesetzt hatte. Dieses Lied gefiel ihr ganz besonders, denn sie dachte genauso, und sie hatte es auch zu ihrer Zeremonie ausgewählt. Allerdings warnten sie ihre besten Freundinnen davor, es nicht zu tun, denn eine Ehe ist auf Kompromisse aufgebaut. Lilly nahm den Ratschlag an, dachte aber: „Kompromisse hin, Kompromisse her – sie zu ändern ist nicht schwer“. Sie drehte sich beim Verlassen der Kirche noch einmal um und sah, wie man die großen Blumensträuße, die kunstvoll aus farbigem Papier hergestellt waren, und die man mit einem im Labor hergestellten Duft gesprüht hatte, wieder einsammelte und in die Rumpelkammer brachte. Das alles geschah sehr schnell, denn die Kirche war an sich ein Museum, das am Nachmittag wieder geöffnet werden sollte. Vorgesehen war eine Sonderausstellung zu dem Thema „Krieg und Frieden im 21. Jahrhundert“. Die Ausstellungsstücke für den Krieg waren schon angekommen, darunter Tanks, Bomber, Maschinengewehre, Kampfdrohnen und Raketen, aber auf die Friedensrequisiten musste man wahrscheinlich noch eine lange Zeit warten.

Horst sah auf seine Uhr, aber nicht, um die Zeit festzustellen, sondern er suchte den A-Knopf, den er jetzt herunter drückte. In Sekundenschnelle war das Auto da, das sie zum Bankett fahren sollte. Man brauchte es natürlich nicht selbst zu steuern, denn im 22. Jahrhundert fuhren alle Autos schon seit langem autonom. Der mit einem kostbaren Teppich ausgelegte Innenraum war groß, denn alle e-Autos fuhren ohne Motor, sodass man viel Platz im Auto hatte. Im Auto befanden sich zwei große bequeme Sessel, und es war auch noch Platz für einen kleinen batteriebetriebenen Kühlschrank da, aus dem Horst jetzt eine gekühlte Flasche Sekt herausnahm und ihn in zwei Gläser eingoss. Sie prosteten einander zu, und damit war der Ausstieg aus dem Junggesellen- bzw. Junggesellinnendasein in das gemeinsame Eheleben besiegelt. Als sich das Auto dem Festzelt genähert hatte, bemerkte Horst, dass fast schon alle Parkplätze besetzt waren. Er drückte auf einen kleinen Knopf, der am Armaturenbrett befestigt war, und dadurch wurde eine kleine Drohne auf dem Dach des Autos aktiviert. Sie erhob sich, umkreiste den Parkplatz und steuerte das Auto zu einem freistehenden Parkplatz.

Das Festessen und die globale Erwärmung

Das Hochzeitsessen fand unter einem großen Zelt statt, das genügend Schutz vor den brennenden Sonnenstrahlen bot. Im Festzelt angekommen, sah Lilly, wie viele Menschen um den 3-D-Drucker herumstanden, in den sie ihre Vorspeisewünsche hineindachten. Es war ein Bocusini, ein Allzweckdrucker. Der Name rührte von *bon cuisin* her, der guten Küche, aber er erinnerte auch an den französischen Spitzenkoch Paul Bocuse, dessen Restaurant in Lyon Weltklasse war und dessen Spitzenerzeugnis das *Entrecôte à la moules aux truffes* sehr begehrt war. Auch Horst interessierte sich sehr für dieses Gericht, denn er hatte eine Schwäche für *moules*, oder Muscheln.

Alles war jetzt einfacher als im 21. Jahrhundert. Man tippte seine Angaben jetzt nicht mehr in den Drucker, sondern man dachte sie mithilfe der Kraft der Absicht hinein, denn jeder Gedanke ist ja ein elektrischer Impuls. Der Computer war so programmiert, dass er die elektrischen Impulse akzeptierte. Und die Gäste dachten individuell. Einer wollte eine Pizza mit Sardellen, Ei und viel Paprika haben. Ein anderer zog Käse mit Prager Schinken und einem kleinen Klacks Senf oder Sardellenpaste vor. Wiederum andere konzentrierten sich auf Sushi, garniert mit Kaviarersatz. Einige Teenager erlaubten sich einen Spaß, Speisen in den Drucker hineinzudenken, die wirklich abscheulich waren. So z.B. Rattenschwänze mit Honigsauce, oder Blätterpasteten, gefüllt mit Mäuseohren, oder Küchenschabenfüße in Marinade und Schlagsahne.

Zu trinken gab es eine Kostbarkeit im 22. Jahrhundert: Gekühltes Mineralwasser, was aber jetzt sehr selten geworden war und mehr kostete als eine Flasche Wein im 21. Jahrhundert. Man nennt die Erde zwar den „Blauen Planeten", denn 72% der Erdoberfläche besteht aus Wasser. Diese Zahl täuscht jedoch, denn nur zwischen 2,6% und 3,5% sind lebenserhaltenes Süßwasser, und eine große Menge davon ist in den Gletschern und Polarkappen gebunden. Außerdem sind viele Flüsse so verschmutzt und vermüllt, dass das Wasser für den menschlichen Gebrauch verdorben ist. Im 21. Jahrhundert litt mehr als ein Drittel der Menschheit unter Wassermangel, da die Bevölkerung jedes Jahr gestiegen ist, und immer weniger Wasser vorhanden war. Viele Jugendliche begrüßten das, denn man konnte sich nur sehr selten waschen. Sie strömten dann eine Duftwolke aus, die ganz individuell verschieden war. Strömten sie keine Duftwolke aus, so bedeutete es, dass sie sich gewaschen hatten, und das war ein strafbarer asozialer Akt. Es war die Zeit der großen Wasserkriege und der größten Völkerwanderung, die die Menschheit je erlebt hatte. Viele Afrikaner, Israelis und Palästinenser siedelten sich im nördlichen Europa an. Das hatte allerdings den Vorteil, dass statt eines Nationalstaates ein Vielvölkerstaat entstand. Und die Menschen hatten dann gelernt, miteinander gut auszukommen.

Auf einem großen Tisch standen auch die Hochzeitsgeschenke, die Lilly mit kritischen Augen begutachtete. Sie öffnete eine große Kiste, aus der mit zierlichen Schritten eine kleine Roboterfrau trat. Sie überreichte Lilly einen Zettel, auf dem alles stand, was sie zu tun in der Lage war. Sie konnte Rasen schneiden; den Rasen düngen; künstliche Blumen in einer Blumenvase arrangieren; Gemüse ernten, waschen, und geschmackvoll zuzubereiten. Und das war nicht alles, was sie konnte. Sie konnte die Badezimmer reinigen, Staub wischen, auf die Kinder aufpassen, und für die leeren DVD Hüllen die richtigen DVDs finden. Mit anderen Worten: Sie übernahm alle zeitaufwändigen Hausarbeiten, sodass Lilly Zeit hatte, sich ihren Hobbys zu widmen. Sie freute sich auch ganz besonders über ein Geschenk, einen 3-D-Drucker für den

Haushalt. Dies war ein sehr praktisches Geschenk, und die Anleitung war relativ einfach. Man schloss den Drucker an den Computer an, lud ihn mit der Druckvorlage aus dem Internet, und nach kurzer Zeit hatte man das Gewünschte, sei es eine Zusatztasse zu dem Service, in dem eine zerbrochen war, eine wunderbare Blumenvase, oder ein kostbares Armband. Nur Kreditkarten konnte der Replikator nicht drucken, da die Regierung Sicherheitsmaßnahmen getroffen hatte, die das unmöglich machten.

Lilly dachte an die gute alte Zeit zurück, von der sie nur gehört hatte, in der die globale Erwärmung noch in den Kinderschuhen steckte. Sie dachte „Kinderschuhe“, denn sie wollte gern ein Kind haben, was noch ein zusätzlicher Grund für sie war, Horst zu heiraten. Man brauchte zwar jetzt keinen Mann mehr zum Kinderkriegen, aber es war psychologisch besser, wenn das Kind einen Vater hatte. Lilly hatte gehört, dass Kinder, die in einer Familie ohne den Vater aufwachsen, Verhaltensdefizite aufweisen können, denn ein Vater könnte in der Lage sein, ein Vorbild zu liefern, das besonders später im Beruf hilfreich sein könnte. In vielen Berufen arbeiteten Menschen mit Robotern zusammen, von denen viele männlich waren, und das Vaterbild wurde dann auf den Reboter übertragen. Aber jetzt musste Lilly an den Klimawechsel denken.

Angefangen hatte die globale Erwärmung mit extremen Wetterbedingungen: Fluten mit großen Überschwemmungen, langen Zeiten der Trockenheit, dem Austrocknen der großen Seen, sodass das Trinkwasser knapp wurde, und vielen anderen Naturkatastrophen. Viele Menschen, die sogenannten Klimaflüchtlinge, verließen ihre Regionen und suchten einen besseren Lebensraum. Durch die Gletscherschmelze stieg der Meeresspiegel an, die Küstenregionen wurden überflutet, und viele Küstenbewohner mussten ihre Heimat verlassen. Auch Manhattan in den Vereinigten Staaten war durch das Ansteigen des Hudson Rivers größtenteils unter Wasser gesetzt. Der Vorteil allerdings war, dass man nicht mehr nach Venedig reisen musste, denn die Gondoliere waren schon seit langem aus dieser Stadt nach Manhattan gekommen und setzten mit den Gondeln ihren Beruf weiter fort. Das war an sich recht romantisch, denn sie sangen ihr *sole mio* von morgens bis abends. Außerdem sparten die Amerikaner auf diese Weise das Reisegeld nach Italien.

Dieses Dilemma wurde durch die Menschen selbst verursacht, hauptsächlich durch den Ausstoß von CO2. Die Menschheit schien sich selbst vernichten zu wollen, denn sie produzierte fortwährend CO2, wobei die Menschen den Klimawechsel noch beschleunigten. Die Alternative wäre, weniger herzustellen, also mit Wenigem auszukommen. Das aber würde bedeuten, dass der Lebensstandard für viele absinken könnte, und viele Länder waren nicht bereit, die Produktion zu drosseln. Dieses Dilemma war typisch menschlich, also nicht nur ein Produkt der Neuzeit. Epikur, an den Lilly sich erinnerte, hatte einmal gesagt: „Aus Angst, mit Wenigem auskommen zu müssen, lässt sich der Durchschnittsmensch zu Taten hinreißen, die seine Angst erst recht vermehren".

Aber dann geschah etwas ganz Außergewöhnliches. Im amerikanischen Bundesstaat Oregon brachten Jugendliche im Alter von 8-18 Jahren eine Klage ein, die die ältere Generation beschuldigte, den Klimawechsel verursacht zu haben. Die Kinder und Jugendlichen klagten, dass die ältere Generation ihnen durch das Streben nach Wohlstand den gesunden Lebensraum zerstöre. Das Trinkwasser enthalte Giftstoffe, die Luft sei voll von Abgasen, die Flüsse und Bäche durch die Abwässer verseucht, der Boden war durch den radioaktiven Müll verpestet, und die Welt wurde jedes Jahr ungesünder. Diese jugendliche Protestgruppe wusste, dass sie es war, die der älteren Generation durch den Generationenvertrag ihren Lebensstandard und ihre Rentenversicherung sicherte. Die Jugendlichen wollten die ältere Generation nur dann durch den Solidarvertrag unterstützen, wenn das zukünftige Leben auf dieser Erde wieder lebenswert war. Dies sei ein *quid pro quo*: Man gibt der älteren Generation etwas, und man erhält dafür eine gemessene Gegenleistung. Dieser Prozess fand auf der ganzen Welt große Beachtung; er führte zu vielen Volksabstimmungen, und die Jugendlichen gewannen den Rechtsstreit. Zusätzlich hatten die Menschen dann auch gelernt, ihre DNA, die sie programmierte, nur an sich selbst zu denken, zu ändern. Dadurch änderte sich auch das Verhalten der Menschen. Sie dachten und benahmen sich jetzt mitmenschlich, und dachten immer daran, inwiefern ihre Handlung den anderen Menschen von Schaden sein könnte. Mit anderen Worten: Die Menschen dachten nicht mehr egoistisch, sondern altruistisch, oder wie es schon bei Immanuel Kant im kategorischen Imperativ lautet: „Handle nur nach derjenigen Maxime, durch die du zugleich wollen kannst, dass sie ein allgemeines Gesetz werde". Die Globalisierung der Gleichgültigkeit gegen den Klimawechsel war so beendet.

Allerdings hatten die Forschung und der Fortschritt der Bio-Technik dabei geholfen, Der Anstoβ kam von der Autoindustrie. Zu Beginn des 21. Jahrhunderts hatte man Autos entwickelt, die beim Überqueren der Fahrbahnmarkierung auf den Autobahnen ein Warnsignal ertönen lieβen. Das hatte dann jemandem die Idee gegeben, ein Serum zu entwickeln, das Neugeborenen eingeimpft wurde, welches Warnsignale aussandte, wenn jemand einen anderen übervorteilen wollte. Zuerst hatte es Protestaktionen dagegen gegeben, denn man betrachtete das als einen Eingriff in die menschliche Handlungsfreiheit, aber dann sah man den Nutzen dieses moralischen Kompasses für sich selber und akzeptierte es.

Viele Leute standen um Maestro Bellini herum, der seinen 3-D-Express-Kunstdrucker mitgebracht hatte. Er programmierte ihn mit seinen Gedankenströmen, und in kurzer Zeit erschien ein klassisches Gemälde nach dem anderen. Er fragte die Braut und den Bräutigam, welches Gemälde sie haben wollten. Lilly entschied sich für Aldoph Menzels Flötenkonzert Friedrichs des Groβen im Schloss Sanssouci, denn sie hatte Flötenkonzerte gern, und sie liebte alte, prunkvolle Schlossbauten. Horst dagegen wählte Sandro Botticellis Geburt der Venus, die leichtfüβig auf einer groβen Muschel stehend aus den dunklen Tiefen des Meeres wie eine leuchtende Perle empor tauchte. Er war nicht so sehr an die Göttin der Liebe interessiert, denn er hatte ja seine Lilly, aber er aβ gern Muscheln, und dies war das einzige Gemälde mit seiner Lieblingsspeise, an das er sich erinnern konnte. Er hatte vor, es im Speisezimmer aufzuhängen.

Man sprach über alles Mögliche, über Urlaubsreisen zum Planeten Mars, Kurzausflüge zum Mond, wo man wegen der niedrigen Gravitation sehr gut Golfspielen konnte, denn die Bälle flogen oft über einen km. weit. Andere Leute diskutierten wiederum über die Gewinnung von Buntmetallen auf dem neunten Planeten unseres Sonnensystems, Tyche. Dieser erst im 21. Jahrhundert entdeckte Planet erhielt seinen Namen aus der griechischen Mythologie, denn Tyche ist eine Tochter des Zeus und steht für göttliche Fügung oder Zufall. Dieser Planet zieht am äuβersten Rande des Systems seine Bahn um die Sonne; er ist 15 000-mal von der Sonne entfernt wie von der Erde.

Andere Gäste sprachen über Kurzausflüge zum extrasolaren Planeten Proxima Centauri, der durchaus habitabel ist. Es hat auch nicht lange gedauert, bis dieser von der Erde leicht zu erreichende Planet ein begehrter Ausflugsort wurde. Hotels schossen aus dem Boden; das Hilton Hotel stand an einem schönen See, gleich neben dem Kempinski Hotel und dem Best Western Hotel; das Holiday Inn und das Ibishotel waren am Rande der Berge. Bedeutend teurer war das Kempinski Hotel Vier Jahreszeiten, das jetzt das Hotel Sechs Jahreszeiten hieß, denn dieser Planet hatte einen außerordentlichen schönen Vorfrühling und einen ebenso schönen Spätherbst, sodass jetzt sechs Jahreszeiten auf diesem Planeten herrschten.

In einer Ecke standen mehrere Personen, die animiert diskutierten. Es ging um Gedankensünden. Eine Frau berichtete, dass ihr Mann von der Gedankensündenpolizei festgenommen worden sei. Der Grund war folgender: Sein Nachbar ließ seinen Roboter immer dann den Rasen schneiden, wenn ihr Mann sich auf seinem Liegestuhl ausruhen wollte. Er konnte es nicht, denn der Lärm dieser Maschine machte es unmöglich. Da blitzte ein Gedanke durch sein Gehirn – wie wäre es, wenn er seinen Nachbarn samt seiner verflixten Maschine auf den Mond schicken könnte? Dort könnte der Roboter so viel Gras schneiden wie er wollte, und er selbst hätte seine Ruhe wieder. Gedacht – getan. Der Mann mit seiner Maschine war mit einem Mal weg. Aber am übernächsten Tag tauchte er wieder auf, samt seiner Maschine. Er war wütend, denn er musste den Flug vom Mond zurück zur Erde für sich und seinen Roboter aus der eigenen Tasche bezahlen. Als er in der nächsten Woche zur Verhandlung ging, wurde seine Gedankenbank überprüft und das Indizium wurde gefunden. Er wurde verwarnt, denn asoziales Verhalten beginnt gewöhnlich mit einem Wunsch. Der Prozess gegen ihn fand letzte Woche statt. Der Staatsanwalt argumentierte, dass jede strafbare Handlung mit einem Wunsch anfange, mit einem Gedanken, der sich leicht in die Tat umsetzen könnte, genauso wie jetzt ein Computer mit Gedanken programmiert werden könnte. Sollte man diesem Wunsch freie Bahn geben, so würde dem Wunschdenken die Realisierung folgen. Und außerdem sei der Mond, dieser kleine Himmelskörper, viel zu klein, um diese vielen Menschen aufzunehmen. Das verstößt gegen die auch manchmal ungeschriebenen moralischen Gesetze einer Gemeinschaft. Dies ist eine Schuld, die gesühnt werden müsse. Der Verteidiger dagegen argumentierte, dass Wunschdenken typisch menschlich sei, und wenn man jeden bestrafen würde, der seinen Nachbarn, Lehrer oder irgendjemand anders auf den Mond schicken wollte, so würde die Hälfte der Menschheit in Gefängnissen landen. Das Urteil wurde deshalb mit Spannung erwartet. Viele

Leute glaubten, dass die Strafe die Aktivierung der Löschtaste im Gehirn sei, womit es dem Mann unmöglich gemacht werde, Gedanken in die Tat umzusetzen.

Eine Glocke ertönte, und man begab sich zu Tisch. Für die Mehrzahl der Gäste war das Essen schon angerichtet, denn sie hatten dem Maître d' den Computerausdruck ihres Gesundheitszustands übergeben. Verzeichnet darauf war das, was für sie gut war, und was für sie schädlich sein konnte. Außerdem konnte man damit die Fettleibigkeit kontrollieren, denn jedes Gericht war mit einer Kalorienzahl versehen, denn eine Reduzierung der Kalorienzufuhr garantierte eine längere Gesundheit, sodass der Mensch über 100 Jahre alt oder auch viel älter werden konnte. Viele hatten schon die 100 überschritten, denn bei dem morgendlichen Gesundheitscheck wurden alle Gene überprüft. Besonders das Genom p53, das der Auslöser von Krebszellen sein könnte. Sollten diese Zellen im menschlichen Organismus gefunden werden, so wurde man mit Stammzellen gespritzt, die die Fähigkeit hatten, sich in jeden Zellentyp zu verwandeln.

Den Gästen mundete das Essen sehr. Als ersten Gang bekamen sie eine Pastete, die aus Heuschrecken, Regenwürmern, Spinnen, und Kakerlaken bestand. Eine Delikatesse war der Algenkaviar, hergestellt aus vielen Mikroalgen; er schmeckte fast so gut wie der teuerste Beluga Kaviar. Diese Canapés waren scharf gewürzt; dazu trank man das gekühlte Mineralwasser. Als Hauptgericht gab es ein Kürbissteak à la maison, also nach Art des Hauses: ein in der Pfanne goldgelb gebratenes aus Kürbismasse geformtes Steak, auf einen Reissockel gelegt, mit einer halben gebratenen Banane und einer halben Ananasscheibe belegt, alles übergossen mit einer scharfen Madras-Currysauce und mit ein paar Sultaninen garniert. Einige aßen nur die gebratene Ananasscheibe; sie enthielt sehr viel gespeicherte Sonnenenergie, viele Enzyme und die Vitamine B und C. Zur Auswahl stand auch ein Designer Tofu-Lachssteak mit Wasabi-Sauce, garniert mit Muscheln. Da man Muscheln nur in den Monaten mit den Buchstaben R essen sollte, und da man jetzt April schrieb, schmeckten sie besonders gut.

Einige bestellten sich Wiener Schnitzel, von denen es jedoch nur wenige gab. Sie waren traditionell zubereitet: das Fleisch wurde geklopft, meliert, durch ein geschlagenes Ei gezogen und in Semmelbrösel gewendet. Dann wurde es in der Pfanne mit Butterfett gebraten und mit einer Salatgarnitur serviert. Einige Schnitzel waren jedoch etwas zäh, aber das machte nichts, denn die medizinische Wissenschaft hatte ein Mittel gefunden, die Zähne, wenn sie einmal ausgegangen waren, wieder nachwachsen zu lassen. Das Essen sah sehr appetitlich und ästhetisch ansprechend aus. Die Schnitzel waren mit einer Zitronenscheibe belegt, und dies hatte allerdings noch einen anderen Grund, denn ihr Verzehr fügte dem Körper Vitamin C zu. Serviert wurde dieses Schnitzel mit Bratkartoffeln. Als Horst das Schnitzel sah, das jemand am Nebentisch bestellt hatte, hatte er den Verdacht, dass man zur Zubereitung in der Küche eine kleine Dampfwalze hatte, die ein paar Mal über ein kleines Stück Fleisch hin und her lief, so dass es immer größer und auch dünner wurde. Dann bepackte man es mit Semmelbröseln, sodass es schön dick aussah. Man servierte es auch auf einem Teller, der bedeutend kleiner war als die anderen, sodass es zu beiden Seiten über den Tellerrand ragte und dadurch den Eindruck der Größe erzeugte. Zum Nachtisch wurden Feigen mit Ziegenkäse und Honig serviert, alles aus dem staatlichen Dessertlabor.

Auch für die vergesslichen Gäste wurde gesorgt. Es gab sogar eine Menüauswahl. Viele Gäste waren Vegetarier oder Veganer, denn die Gewässer waren überfischt, das Fleisch war sündhaft teuer. Die meisten Gäste waren umweltbewusst, und viele verzichteten deshalb auf den Genuss von Fleisch, denn die Viehzucht trug durch den Ausstoß von Treibhausgasen der Kohlendioxidmenge bei. Also aß man Pflanzengerichte, besonders Gemüse. Das Gemüse war äußerst schmackhaft, denn man gewann es durch *vertical farming*, eine Methode, wo Gemüse an der Außenwand von großen *farmscrapers* angebaut wurde. Die Pflanzen wuchsen jetzt nicht mehr auf dem Feld, sondern in senkrecht hängenden Plattenkonstruktionen.

Die Vorteile durch *vertical farming*

Angefangen hatte diese Art der Bepflanzung vor vielen Jahren, als das Protein oder Eiweiß durch den Klimawechsel knapp wurde. Man verfiel dann auf den Gedanken, Algenfarmen an der Häuserwand anzulegen. Da die Menschheit rapide anwuchs und der Lebensraum kleiner wurde, baute man sowieso mehr in die Höhe. Diese Bauten boten dann sehr gute Möglichkeiten für das *vertical farming*. Zuerst pflanzte man Algenextrakte aus dem Micro- und Macroalgen an, und diese wurden für die Zubereitung von Suppen, Käse, Joghurt und sogar als Bindemittel für Eis benutzt. Dieses Gemüse enthielt wichtige Nährstoffe, wie zum Beispiel Kohlenhydrate und Proteine, Magnesium, Kalzium, Zink, sowie die Vitamine A, C, und E. Es dauerte eine gewisse Zeit, das Konsumverhalten der Menschen zu ändern, denn an den Meergeschmack musste man sich erst gewöhnen, aber jetzt wurde dieses Produkt von vielen als Delikatesse betrachtet. Und für die Züchtung dieser Algenfarmen wurde kein Stück kostbaren Ackerbodens benutzt.

Das brachte viele Vorteile. Es gab jetzt mehr Lebensmittel für die Bevölkerung, die rapide angewachsen war. Während im Jahr 2016 7,3 Milliarden Menschen auf der Erde lebten, waren es im Jahr 2100 11,2 Milliarden. Nahrungsmittel waren immer weniger erhältlich, und Bürgerkriege waren an der Tagesordnung. Dazu kam die Klimaveränderung, Dürren und Fluten, und diese Wetteranomalien verursachten Hunger und Elend und trieben schon zu Beginn des 21. Jahrhunderts 65 Millionen Menschen in die Flucht.

Die neue Art der Bepflanzung brachte noch andere Vorteile. Die Landwirtschaft in der Stadt garantierte die Frische der Produkte. Außerdem brachte man die Erzeugnisse nicht von irgendwo her, vielleicht sogar aus anderen Ländern, denn sie wurden im unmittelbaren Umfeld des Käufers geerntet. Das hatte außerdem den Vorteil, dass es keine Transportkosten gab; die Produkte konnten also billiger an den Käufer weitergegeben werden, denn fast drei Viertel des Preises für Nahrungsmittel entstehen durch Nebenkosten, wie Lagerung und Versand. *Urban* und *vertical farming* waren jetzt in jeder Stadt in der gesamten Welt zu finden.

Dies war an sich nicht neu, denn statt der unproduktiven Rasen-vorgärten und steinernen Hinterhöfen hatte man jetzt Nutzgärten angelegt, die den Gemüsebedarf der Familie, wenn auch nicht deckten, so doch bereicherten. Gewässert wurden die Pflanzen der vegetativen Hochhäuser durch die Hydroponik, oder Wasserarbeit, der ein Düngemittel beigegeben war, das dann aus einem engmaschigen Netz auf die Pflanzen tröpfelte. Zusätzlich hatten jetzt fast alle einen kleinen Gemüsegarten auf ihren Balkonen. Dazu kamen noch die flachen Dachgärten, die mit einer Sandschicht versehen war. Hier wurden hauptsächlich in der Frühlingszeit Spargel, in der Herbstzeit Mohrrüben angebaut. Manchmal geschah es auch, dass dann Spargel oder die Mohrrüben durch die Decke der Obergeschosse wuchsen, sodass dann die Spargelstangen und die Mohrrüben wie Stalaktiten an der Decke herunter hingen; man nahm dann eine Leiter und schnitt sie einfach ab.

Ein anderer Vorteil dieser Gebäudebegrünung war, dass sie als eine Art Biofilter dienten, da sie den Feinstaub aus der Luft nahmen. Das war eine gute klimafreundliche Lösung, denn immer mehr Menschen kamen in die Ballungszentren, die Luft wurde immer ungesünder, und die freien Plätze, Schrebergärten und Parkanlagen wichen den Baugrundstücken.

Die Festrede und die Sternschnuppe

Nach dem Essen erhob sich der Ur-, Ur-, Urgroβvater des Bräutigams, den alle Methusalem nannten, der im Alten Testament im Alter von 187 Jahren noch ein Kind zeugte, und der der Groβvater von Noah war. Der 120-Jährige saβ zusammen mit seinen drei Söhnen im Alter von 100, 80, und 60 Jahren an einem Tisch, und alle hatten ihre Frauen mitgebracht. Diese Hochbetagten waren jetzt keine Seltenheit mehr, denn schon im Jahre 2014 gab es in Deutschland schon fast 17 000 Hochbetagte über 100, und um 2080 eine pilzförmige Bevölkerungspyramide der Hochbetagten im Alter von 200 Jahren von über 120 000. Ein Problem, das sich daraus ergab, war allerdings die finanzielle Versorgung der Senioren, denn man nahm bedeutend mehr aus der Rentenkasse als man eingezahlt hatte, und die Rente mit 63 musste angehoben werden. Das Bild der alten Alten wurde schon vor vielen Jahren durch das Bild der jungen Alten ersetzt.

Methusalem klopfte an sein Glas und sagte ein paar Worte, indem er das Brautpaar anschaute: „Ihr habt heute nach altem Muster geheiratet und vieles, was vor vielen Jahrhunderten der Leitfaden einer neuen Ehegemeinschaft war, besteht auch heute noch, wie Liebe, Treue, und Kompromissbereitschaft. Man muss nicht immer Recht haben wollen, denn dies weiß ich aus Erfahrung“, und dabei blickte er verschmitzt seine langjährige Ehefrau an, „das Wort Ehe, im Althochdeutschen *ewa*, bedeutet Ewigkeit, Recht und Gesetz. Es bezeichnet eine dauerhafte Verbindung zwischen zwei Menschen die sich lieben. Also Zeitlosigkeit, kein Ende. Und so soll auch eure Liebe sein“.

„Ich bin älter als ihr, gehöre damit einer anderen Generation an, dem Club der 120 Plus Senioren. Ich bin davon überzeugt, dass ihr es besser machen werdet als wir es getan haben. Ihr seid die Generation Z+++, wir dagegen stehen den Anfangsbuchstaben des Alphabets näher als ihr. Auch wir waren mit der Technologie vertraut, aber die Technologie bestimmte unser Leben. Wir standen 24 Stunden unter Abruf, nahmen unsere Arbeit mit nach Hause, setzten uns an den Computer und vernachlässigten die Familie. Es gab keine Grenze mehr zwischen Freizeit und Arbeit. Der Mensch war 24 Stunden pro Tag verfügbar. Die Technik sollte dem Menschen mehr Gelegenheit für Freiheit geben, aber sie hat dem Menschen die Freiheit genommen und ihn zum Sklaven der Technik gemacht. Der Mensch ist programmiert auf Ruhe, auf Erholung mit acht Stunden Schlaf, und alles das wurde ihm eben durch die Technik genommen. Der Hauptverursacher war das Smartphone, das uns wie eine Überwachungskamera zu jeder Zeit und zu jedem Ort erreichbar machte. Nichterreichbarkeit war ein Luxus, den sich nur wenige Reiche leisten konnten. Das Resultat waren Depressionen, *burn outs* und andere psychische Erkrankungen. Alles musste schnell gehen, rasend schnell gehen, die Antwort gleich auf die Frage erfolgen. Die Technologie war nicht nur ein Teil unseres Lebens, sondern unser Leben vermischte sich mit der Technologie zu einer Einheit, die schwer zu trennen war. Und die Ehe litt darunter, und aus dem Zusammenleben wurde ein Einzelleben. Auch identifizierten sich die Menschen meiner Generation mit ihrer Arbeit, und der persönliche Freiraum wurde immer kleiner, bis er ganz verschwand. Und dann kamt ihr, die neue Generation Z+++. Ihr grenzt euch einfach ab – die Arbeitsstelle und der persönliche Freiraum sind scharf gegrenzt. Ihr wollt eine geregelte Arbeitszeit und die Wochenenden frei, die ihr dann mit eurer Familie verbringen könnt. Und so soll es auch sein für eine glückliche und dauerhafte Ehe“.

Nach der Rede, die Horst etwas zu lang fand, tanzten noch einige Gäste zu der Musik von der Orion-Band mit den drei Musikern Alnita, Alnina, und Minkara. Diese drei jungen Männer begeisterten die Gäste mit ihren Darbietungen. Bemerkenswert war auch schon, als sie aus dem Orionnebel, dem flächenhellsten Emissionsnebel des Himmels, heraustraten. Einige der Gäste, besonders die jüngeren, stampften den Rhythmus mit ihren Füßen mit, als der Popsänger das Lied brachte, das auf allen Planeten des Universums gesungen wurde:

Du bist meine Puppe,
Du bist mir gar nicht schnuppe,
Ich hab‘ dich doch so gern,
Du bist meine Venus,
Mein Morgen- und mein Abendstern.

Du bist mein Stern-, Sternschnüppchen,
Mein süßes kleines Püppchen.
Du bist mein Urknall in dem All,
Und immer stärker wird der Schall,
Der mein Herz erzittern lässt.
Umarme mich und halt‘ mich fest.

Wir tanzen bis zum frühen Morgen,
Und machen uns dann keine Sorgen,
Wie es weitergeht.
Vergiss die Zeit, es ist nicht spät.

Wie Planeten die Sonne umkreisen,
So möcht‘ ich mit dir ins Weltall reisen,
Von Stern zu Stern.
Denn ich hab‘ dich doch so gern.
Du bist die Sonn‘ in meinem Kern.

Wir wollen durch die Lüfte fliegen,
Und haben je nur einen Flügel.
Umarme mich, dann haben wir zwei,
Und damit geht es eins, zwei, drei
Vom tiefsten Tal zum höchsten Hügel.

Dieses Lied erfreute die Jugend, besonders die männliche. Lilly dagegen hatte es überhaupt nicht gern. Sie war doch keine Puppe, und erst gar nicht ein Püppchen. Wie wäre es, wenn man einen Mann Pupper nennt, vielleicht so: „Komm doch her, mein süßer kleiner Pupper, mein süßer kleiner Schnuckipupper“? Die Männer würden doch glauben, ich sei verrückt. Und außerdem würde ich nie so einen Mann angucken, dem diese Verniedlichung gefällt.

Ein Wort in dem Text allerdings brachte sie zum Nachdenken. Das Wort war Sternschnuppe. Lilly wusste, dass sie es als Kind öfters gehört hatte, aber sie wusste nicht mehr, wer es ihr gesagt hatte. Sie dachte nach, und nach, und nach – es war vergeblich, sie konnte sich nicht mehr an diese Gelegenheit erinnern. Sie entschuldigte sich bei ihrem Mann und den anderen Gästen und ging in das Nebenzimmer, wo auf den Tischen Computer standen; einer davon war ein so genannter Erinnerungshelfer Computer. Sie legte ihren Zeigefinger auf die E-Taste, denn E stand für Erinnerung, und dachte das Wort Sternschnuppe. Diese Computer funktionierten nach derselben Methode, wie die Computer der Vergangenheit. Wenn damals ein Dokument aus Versehen gelöscht wurde, gab man einfach ein Wort aus dem Dokument in den Computer hinein, und dieser ließ in den meisten Fällen das verloren geglaubte Dokument wieder auf dem Bildschirm erscheinen. Jetzt tippte man allerdings nicht mehr das Wort hinein, sondern man dachte es.

Der Suchvorgang ging schnell, und die Datenbank produzierte das gewünschte Wort im Zusammenhang. Lilly sah ihre Großmutter, die ihr vor dem Schlafengehen immer eine Geschichte erzählt hatte, unter anderem die Geschichte von den Sternschnuppen: „Siehst Du, kleine Lily, wenn zwei Engel im Himmel miteinander reden, und wenn ein Erdenbürger mithören möchte, welche Geheimnisse sie einander mitteilen, so werfen sie einen kleinen Stern auf ihn, um ihn zu verjagen, denn sie wollen nicht gestört sein. Da aber Engel nichts Schlimmes tun können, geben sie dem Störenfried einen Wunsch frei. Er kann sich alles wünschen, was er will, und in den meisten Fällen bekommt er es auch. Er darf nur nicht sagen, was er sich gewünscht hat, denn sonst wirkt dieser Wunsch nicht“. Lilly hatte schon seit langer Zeit einen Wunsch, und dieser war, eine Parallelwelt aufzusuchen, auf der Menschen wohnten, die aussahen wie sie, und dieselbe Lebensphilosophie wie sie hatten. Sie sah ihr Spiegelbild in ihren Träumen; sie wusste genau, wo es zuhause war und womit sie sich beschäftigte. Sie wusste, dass diese Träume eine Botschaft enthielten, eine Botschaft, ihr Spiegelbild aufzusuchen. Diesen Wunsch hatte sie gedacht, als sie einmal eine Sternschnuppe sah. Das war bis jetzt noch nicht geschehen, und Lilly vermutete, dass diese Geschichte nur eine Fiktion sei.

Bevor Lilly das Zimmer verließ, bemerkte sie eine junge Frau, die ihr bekannt war. Es war Astarea, ihre Schulfreundin. Lilly wusste, dass Astarea kurz vor ihrer Hochzeit stand, und sie lief auf sie zu, um ihr Glück zu wünschen. Sie bemerkte allerdings, dass Astarea sehr nachdenklich war, und ihr Gesicht in Falten gezogen hatte. Sie fragte sie nach dem Grund ihrer Nachdenklichkeit, und Astarea sagte ihr: „Weißt du, Lilly, ich habe vor, bald zu heiraten, und ich bin gerade dabei, meine Wohnung zu möblieren. Dieser Computer hier kann meine Wünsche lesen, die allerdings, wie ich zugeben muss, recht chaotisch sind. Und der Computer hier ist wirklich keine große Hilfe. Er liest meine Gedanken, d.h. meine Wünsche, auch die, die noch nicht in die Sphäre des Bewusstseins getreten sind. Hier zum Beispiel ist ein Angebot einer Wohnzimmergarnitur, mit Kuschelsofa, zwei Clubsesseln, einem Kaffeetisch, zwei Ecktischen, und zwei wunderbaren Lampen. Das alles sieht sehr gut aus und ist auch recht preiswert. Aber dann geht es weiter, und du kannst dir gar nicht vorstellen, was der Computer alles empfiehlt. Es heißt hier: ‚Kunden, die diese Einrichtung gekauft haben, haben auch noch aus unserem Sortiment den wundervollen orientalischen Teppich erstanden, dessen Farbe gut zu der Farbe der Couch passt; und außerdem zwei Stehlampen und vier Gemälde, die dem Wohnzimmer eine sehr gemütliche und individuelle Note geben. Alle Kunden waren äußerst zufrieden, und einige haben noch zusätzlich zwei Wandteppiche bestellt, die in Farbe, Ton, und Geschmack sehr schön zu den Gardinen passen, die sie ebenfalls bei uns erstehen können. Und vergessen Sie bitte nicht: Kuscheln bedeutet ja, dass man eng zusammen auf der Couch sitzt und den Arm um den Körper des anderen legt. Unsere Couch bietet ihnen diese Zweisamkeit. Und das ist ja das Primäre in der Ehe. Sie müssen allerdings schnell ihren Entschluss fassen, denn dieses Sonderangebot existiert nur für 48 Stunden‘. Und wenn ich jetzt alles zusammenrechne, erhalte ich einen Betrag, der meine Ersparnisse und auch die meines zukünftigen Mannes übersteigt. Ich glaube, wir werden unsere Möbel Stück für Stück kaufen“. Lilly wollte ihr helfen und riet ihr, mit dem Kauf zu warten, denn man konnte jetzt eine Software kaufen, die die Materie programmiert. Gefällt einem ein Möbelstück nicht mehr, programmiert man eben ein neues, das einem besser gefällt. Dann begab sie sich wieder zurück in den Speisesaal. Sie war zwar etwas verwirrt, denn sie dachte, dass das Gespräch, und nicht das Kuscheln, die Hauptsache für eine glückliche und dauerhafte Ehe sei. Aber im Grunde genommen hatte sie nichts gegen das Kuscheln, denn man kann ja kuscheln und dabei sprechen.

Die Fahrt nach Hause

Nach einer Weile standen die Gäste auf und verabschiedeten sich. Auch das neu vermählte Paar verließ den Saal und begab sich nach draußen. Horst ging noch einmal schnell zurück, um der Bedienung ein reichlich bemessenes Trinkgeld zu überreichen. Er benutzte dazu seine Chip-Bankkarte, denn die Bezahlung mit Bargeld war schon seit langem abgeschafft, und damit auch das Fälschen von Geldscheinen.

Wieder draußen, drückte Horst auf die A-Taste seines iPhones, und im Nu war das Auto da, denn es war nicht weit weg geparkt. Ein Roboter lud die vielen Geschenke in den vorderen und hinteren Kofferraum. Die beiden stiegen ein und nahmen in den bequemen großen Sesseln Platz. Horst sagte dem Bordcomputer, dass er sie nach Hause fahren sollte, und das Auto setzte sich langsam in Bewegung. Es fuhr allerdings nicht auf der Straße, denn die Straßen waren fast alle Fußgängerzonen, auf denen Fahrzeuge nicht erlaubt waren.

Das Auto hob sich in die Höhe. Es war, wie all die anderen Autos, ein Magnetauto, das alle Reibungskräfte, die den größten Teil der Energie benutzten, vermieden. Die Reifen verschwanden im Gestell wie bei Flugzeugen. Dann wurde Horst eine Expressbahn zugewiesen, die sie nicht mit den Omni-Drohnen und den Drohnentaxis teilen mussten. Das bedeutete, dass die beiden sich noch ein Glas Sekt aus dem Bord Kühlschrank genehmigen konnten. Die Fahrt dauerte allerdings etwas länger als erwartet, denn heute fand ein interstellarer Galaempfang statt, und viele Würdenträger hatten ihr Kommen angemeldet. So musste das Auto an verschiedenen Kontrollen halten, aber jedes Mal, wenn das geschah, kam eine Imbissdrohne schnell heran und bot Leckerbissen an: Mars-Schokoriegel, Venusmuscheln mit Schokoladeneis gefüllt, und dann auch Jupiterburger, die so groß waren, dass zwei oder mehr Personen davon essen konnten. Die Preise allerdings waren so hoch wie die schwebenden Imbissdrohnen selbst, die natürlich alle mit sauberer Energie flogen.

Horst hatte eine lange Zeit in der Abteilung für Rohstoffgewinnung gearbeitet, denn das Vorhandensein von Rohstoffen auf der Erde war begrenzt. Seine Abteilung hatte eine Methode entwickelt, Asteroiden einzufangen und deren Rohstoffe auszubeuten. Das machten jedoch auch andere Nationen, und dann gab es viel Ärger, wem diese Rohstoffe gehören sollten. Das Resultat war: Demjenigen, der diese Astroiden zuerst einfängt. Das wurde zu einem politischen Problem, und Horst wechselte über zur Abteilung für alternative Energie. Da die Menschheit sich exponentiell vermehrte, verbrauchte sie viel mehr Energie. Horst dachte an die verschiedenen Möglichkeiten, die den Menschen offen standen.

Vor langer Zeit hatte man die solare Energie geerntet, die auf dem Kernfusionsprozes im Sonnensystem basiert. Ein internationales Team arbeitete schon seit vielen Jahrzehnten an der Herstellung einer Dyson-Sphäre, so genannt nach dem Physiker Freeman Dyson, der sie schon 1960 beschrieben hatte. Es war eine Konstruktion, die die Sonne kugelförmig umschloss, und die Sonnenenergie mit großen Solarplatten vollkommen absorbierte. Diese Sphäre bot im Inneren einen provisorischen Lebensraum für Menschen, die infolge von katastrophalen Ereignissen die Erde werden verlassen müssen. Sollten sie es nicht tun, so würde es ihnen vielleicht so gehen wie den Sauriern in der Vergangenheit. Allerdings werden die Flüchtlinge anders leben als auf der Erde, denn sie werden wegen der Hitze zuerst Raumanzüge tragen müssen. Später allerdings werden sie eine dicke Hornhaut auf der Oberfläche ihres Körpers entwickelt haben, die sie vor der erhitzten Umgebung schützt.

Aber es gab viele andere Möglichkeiten. Man verwendete auch die Energiegewinnung aus der Windkraft. Besonders in der Küstengegend entstanden große Windkraftanlagen, die Strom erzeugten. Etwas später ging man dazu über, offshore-Anlagen einzurichten, also Windkraftwerke, die im offenen Meer stehen. Diese Windkraftanlagen sind in Windparks gebündelt, und einige stehen auf künstlich gebauten von Chinesen finanzierten Inseln. Und Tausende Megabytes wurden damit ins Netz eingespeist. Von da war es nur ein kleiner Schritt zu den Gezeitenkraftwerken, die die Erdumdrehung, die Anziehungskraft des Mondes und der Sonne ausnutzen. Von monumentaler Bedeutung war eine Idee, auf den Dächern der Autos kleine Windmühlen anzubringen. Diese drehten sich durch den Fahrtwind und luden dabei die elektrische Batterie der Autos auf.

Auch die nukleare Energie wurde weiter genutzt, aber nicht mehr durch Kernspaltung, sondern durch Kernfusion, wobei zwei Atome sich zu einem zusammenschließen. Die Eisenbahnen fuhren auch schon seit langem mit Hilfe von Magnetströmen, die sie aus den Magnetfeldern erhielten. Sie waren somit nicht schienengebunden, und dadurch gab es keine Reibung, die die Energie reduzierte.

Nicht zu vergessen sind ebenfalls die Biogas-Generatoren, denn bei der Zersetzung von Bioabfällen entsteht Gas, das als Energiequelle genutzt werden kann. Auch die Sportclubs waren Energieerzeuger, denn wenn die Leute lang auf dem Standrad fuhren, erzeugten sie Energie, die ausreichte, den ganzen Club zu versorgen. Alles das bedeutete, dass man keine fossilen Brennstoffe mehr benutzte, die den Klimawandel auf der Erde herbeigeführt hatten. Horst bewunderte Lilly, die zuhause ihr eigenes Kraftwerk hatte. Sie besaß nämlich einen kleinen süßen Hamster, der stundenlang in seinem Laufrad lief und dabei Strom erzeugte und damit die elektrische Zahnbürste und andere Küchengeräte mit Strom versorgte.

Es kommt immer anders als man denkt

Die Fahrt im Auto verlief schnell ohne Komplikationen. Zuhause angekommen, stiegen die beiden aus, und das Auto parkte sich selbst; auch die Haustür stand schon offen. Ganymed, der Hausroboter, kam schnell herbei und trug die Hochzeitsgeschenke in das Wohnzimmer. Das Licht hatte sich von selbst eingeschaltet, genau wie die Temperatur, bei der man sich wohl fühlte. Sobald sich Lilly auf einen der großen Sessel hingesetzt hatte, flatterte die Bienendrohne Maja herbei, schwirrte in Augenhöhe und fragte nach Lillys Wünschen. Lilly hatte Maja sehr gerne. Sie hatte sie einmal als Geburtstagsgeschenk von ihrem Vater erhalten, und Lilly hat Maja sehr gut trainiert. Als Lilly noch im Studium war und sich manchmal nicht wohl fühlte, schickte sie Maja in die Vorlesung. Maja speicherte alles, was der Professor sagte und druckte es zu Hause aus.

Der Professor allerdings verlor manchmal den Faden und war auch etwas nervös. Als er einmal in der Biologieklasse über die Vögel dozierte, erwähnte er auch den Uhu. Einer der ausländischen Studenten hob die Hand und fragte den

Professor, was für ein Vogel das sei, denn er hätte nie vorher von einem solchen Vogel gehört. Der Professor antwortete ihm, dass der Uhu eine Eulenart sei, nur etwas größer und schwerer. Der Student gab sich jedoch nicht zufrieden und fragte ihn, was eine Eule sei. Da verlor der Professor die Nerven und erwiderte, dass die Eule ein Raubvogel sei wie auch der Uhu. Der Unterschied jedoch sei, dass der Uhu auch in einer Tube als Klebstoff erscheinen könne, dass er alles zu kleben imstande sei, denn er sei ein Alleskleber. Der Student war verwirrt und wunderte sich, was so ein großer Raubvogel mit dem Klebstoff gemeinsam haben könne. Und wie kommt er dann in die Tube? Vielleicht macht man eine Paste aus ihm und füllt die Tube damit. Auch Maja, die zufälligerweise in der Klasse war, konnte der Logik des Professors nicht folgen und versah alles mit mehreren Fragezeichen.

Horst wollte sich von der Aufregung des Tages etwas erholen, und er bat den Hausroboter, ihm eine Flasche Bier aus dem Kühlschrank zu holen. Es dauerte eine Weile, bis der Roboter wieder zurück kam und ihm mitteilte, dass er den Kühlschrank nicht öffnen könne, da dieser im Streikmodus war. Die Arbeiter in China, wo auch der Kühlschrank hergestellt war, streikten, denn sie wollten bessere Arbeitsbedingungen haben, und der Kühlschrank erklärte sich solidarisch mit ihnen. Er kam ja aus derselben Fabrik. Er zeigte sich so solidarisch, dass er jetzt nur chinesisch verstand, was ja seine Heimatsprache war. Horst und Lilly dagegen sprachen kein Chinesisch. Lilly hatte einmal versucht, chinesisch zu lernen, aber sie konnte die Intonation dieser Sprache nicht meistern. Sie ging nach ein paar Wochen Unterricht in ein chinesisches Restaurant und bestellte etwas in dieser ihr ungewohnten Sprache. Was sie bekam, sah recht unappetitlich aus, und schmeckte noch schlimmer als es aussah. Jetzt dachte sie an die Schwierigkeiten, die ihr bevorstanden. Der Kühlschrank war so programmiert, dass er die Zutaten für den wöchentlichen Speisezettel selbstständig im Supermarkt bestellte. Damit war es jetzt für eine Weile vorbei. Das war ärgerlich, aber es gibt ja noch schlimmere Dinge als diese. Und eins von diesen schlimmen Dingen passierte jetzt.

Horst stellte jetzt den Fernseher ein, der die gesamte Wand des Wohnzimmers einnahm. Er war sehr froh, dass die staatliche Obrigkeit Verordnungen erlassen hatte, die die Werbungen im Fernsehen reduzierten. Eine Werbung durfte nicht mehr als dreimal pro Tag gezeigt werden, und das im Abstand von drei Stunden. Das half den Eltern gewaltig, denn vorher hatten die Kinder sich schon so an die Wiederholung gewöhnt, dass sie der ersten und auch der zweiten Aufforderung keine Beachtung schenkten. Damit war es aber jetzt vorbei, und wenn man den Kindern etwas sagte, so taten sie es sofort.

Horst musste sich jetzt zwischen zwei Programmen entscheiden. Ein Programm hatte die Zustimmung aller seiner Freunde erhalten. Es hieß „Aufstand der Affen". Das andere war der Verschmutzung des Universums gewidmet. Horst wählte es, denn er war sehr daran interessiert. Gezeigt wurde eine Sitzung der Europäischen Weltraumbehörde, die aus den Abgeordneten aller interstellaren bewohnten Planeten bestand. Diese Politiker diskutierten sehr angeregt über die Verschmutzung des Universums, und was gemacht werden konnte, sie zu verringern. Der Weltraumschrott hatte in den letzten Jahren zugenommen: mehrere Tonnen Schrott, darunter Teile von abgebrannten Raketenstufen, gefährdeten die Raumstationen, und die Raumschifffahrt. Diese kleinen Teile im Weltmüll konnten zufällig kollidieren; dies war das sogenannte Kessler-Syndrom. Manche Teile kollidierten mit den vielen Satelliten, die den Menschen das Fernsehen, das Internet, die Wettervoraussage, das Fuβballspiel und die Wissenschaft ermöglichten – und auch diese technischen Wunderwerke wurden durch den Müll gefährdet. „Der Weltraum sei keine Mülldeponie", sagte der Sprecher gerade, als es passierte:

Auf einmal vermischten sich die beiden Kanäle, denn eine Colaflasche, die ein Astronaut in das All geworfen hatte, kollidierte mit dem Fernsehsatelliten und lädierte ihn. Es war sehr lustig anzusehen, wie die Affen von Zweig zu Zweig hüpften, Grimassen schnitten und sich mit Bananenschalen bewarfen. Aber was waren das für Tiere! Durch die Vermischung der Kanäle liefen die Affen mit den Leibern der Politiker herum, und die Politiker hatten jetzt die Köpfe der Affen auf ihren Schultern. Horst ärgerte sich, aber als er später mit seinen Freunden darüber sprach, musste er feststellen, dass diese überhaupt nichts gemerkt hatten und alles ganz normal fanden. Als Horst die Reparaturstelle der Fernsehproduktion anrief, wurde ihm mitgeteilt, dass diese im Augenblick nichts tun könne. Der Fernseher sei in China hergestellt, und alle chinesischen Reparaturtechniker seien ebenfalls in den Streik getreten. Nein, man wisse nicht, auf wie lange.

Da die Welt der Realität Horst so viele Schwierigkeiten verursachte, entschloss er sich, einen Abstecher in die virtuelle Welt zu machen, um sich von den Anstrengungen des Tages zu erholen. Er legte ein Programm in den

Computer ein, sodass er nicht auf die Fernsehstation angewiesen war, nahm in einem bequemen Sessel Platz, setzte sich die 3-D Brille auf und startete das Fußballländerprogramm zwischen Argentinien und Deutschland. Das Internet-Spiel hatte gerade begonnen, und er, Horst, war der Mittelstürmer der deutschen Mannschaft. Er lebte jetzt in der virtuellen Realität und besaß jetzt alle Fähigkeiten eines hochbegabten Spielers, trotz seiner Knieverletzung, die ihm in der Realität das Fußballspielen nicht mehr erlaubte. Hier jedoch war er sehr gut in Form. Die Forschung hatte es möglich gemacht, dass Bewohner, die User-Avatar, in dem unbegrenzten digitalen Raum des Metaversums nicht mehr durch Realitätsdefekte an der Realisierung ihrer geheimen Wünsche und Träume gehindert werden konnten.

Horst hatte einige Möglichkeiten, den Ball in das gegnerische Tor zu schießen, aber es klappte nicht. Einmal schoss er nur wenige Zentimeter am Torpfosten vorbei, und ein anderes Mal prallte der Ball gegen die Querlatte. So stand das Spiel auch am Ende der zweiten Halbzeit auf null zu null. Die Spieluhr lief, und es sah so aus, als ob das Spiel unentschieden bleiben sollte. Dann geschah etwas – und das innerhalb der letzten 30 Sekunden! Horst befand sich im Strafraum und wurde von einem gegnerischen Spieler angerempelt, sodass er die Balance verlor und hinfiel. Das war ein Foul! Der Schiedsrichter entschied für einen Strafstoß, für einen Elfmeter! Horst stellte sich in Positur. Er wusste, alles hing jetzt von ihm ab. Er fühlte kalten Schweiß auf seiner Stirne, das Stadium war mucksmäuschenstill, aber es war eine schwangere Stille, die sich jeden Augenblick entladen konnte. Horst fühlte mit einem Mal etwas über seine Stirn streichen, und er dachte, dass es die Hand von Avatar war, der hinduistischen Gottheit, die Menschengestalt angenommen hatte, und die ihm jetzt zur Seite stand. Eine eiserne Ruhe füllte ihn aus. Er fixierte seine Augen auf den Torwart und sah, dass auch dieser ihn mit seinen Argusaugen ansah. Dann aber bemerkte Horst ein geflügeltes Tierchen, vielleicht eine Wespe, die den Kopf des Torwarts umkreiste. Auch dieser bemerkte das geflügelte Insekt und für einen Augenblick ließ seine Aufmerksamkeit nach, und er scheuchte es mit einer Handbewegung weg. Das war genau der Augenblick, in dem Horst den Ball genau in die linke Ecke des Tores schoss. Der Ball prallte gegen das Netz, das sich unter dem Aufprall hin und her bewegte, bevor es zur Ruhe kam. Und dann erfüllte ein frenetischer Jubel das Stadium; Horst wurde auf den Schultern seiner Mitspieler um das Stadium herum getragen, und er wusste, dass er mit diesem eins zu null die Meisterschaft für Deutschland errungen hatte.

Horst schaltete nun das Gerät aus, und er fühlte sich wieder energiegeladen. Er sah, wie Lilly sich einige Kataloge anschaute. Er wusste, dass sie nicht viel von den Erlebnissen im Metaversum hielt. Er hatte Recht, denn Lilly war zu realistisch, um sich im Metaversum zu verlieren. Sie erinnerte sich an die Erklärung ihres Psychologieprofessors, der einmal von einem Studenten gefragt wurde, was der Unterschied zwischen einem Neurotiker und einem Psychotiker sei. Der Professor hatte erwidert: „Ein Neurotiker baut Luftschlösser; ein Psychotiker bewohnt sie". Lilly dachte daran, dass viele ihrer Freunde und Bekannten diese virtuelle Welt nur ungern verlassen wollten, ja dass es auch passierte, dass sie diese Welt nicht mehr verlassen konnten! Diese befanden sich jetzt in einer psychiatrischen Klinik, wo man versuchte, sie wieder realitätsfreundlich zu machen.

Kaum hatten sich die beiden hingesetzt, klingelte das Telefon. Eine Leuchtscheibe zeigte den Anrufer an. Es war Lillys Mutter. Horst drückte eine Taste am Telefon nieder, und sie erschien als Telepräsenz, als 3-D-Hologramm im Wohnzimmer. Sie wollte ihre Tochter und ihren Mann noch einmal kurz sehen, bevor die beiden ihre Hochzeitsreise antraten. Sie war aber außerdem mit vielen Neuigkeiten versehen, die sie jetzt unbedingt loswerden wollte. Sie war so nervös, wie ein Huhn mit ungelegten Eiern, nur dass sie nicht gackerte. So berichtete sie, dass Arbeitsroboter, um nicht zu sagen Sklavenroboter, die Galileischen Monde verlassen hatten, wo sie die unterirdischen Metalle bergen sollten. Sie rebellierten, denn sie wollten dieselben Rechte haben wie die Menschen. Vor allem wollten sie eine Gewerkschaft gründen wie schon andere Robotereinheiten vor ihnen. Sie hatten sich auf die Erde eingeschlichen, man konnte sie kaum von den echten Menschen unterscheiden, sie besaßen jetzt Selbstwahrnehmung, was ja die Grundlage des Bewusstseins ist. Sie waren jetzt auch in der Lage sich selbst zu reproduzieren, sodass sich ihre Anzahl bedeutend vermehrte. Das einzige Unterscheidungsmerkmal zu den Menschen war, dass sie nicht blinzeln konnten, denn das Blinzeln konnte man nicht in die Roboter hineinlegen. Die Polizei leuchtete deshalb jedem Passanten mit einer Taschenlampe vor die Augen, um herauszufinden, wer echt war oder nicht. Einige Roboter waren gewalttätig und gefährdeten die Menschen. Die Frage war nun – wie bestraft man denn einen Roboter? Und wie kann man einen

Roboter mit Moral programmieren? Hatte man nicht vergeblich versucht, Emotionen in die Herstellung der Roboter zu legen? Wen sollte man dann für einen kriminellen Akt verantwortlich machen – den Roboter oder den Hersteller? Alles sehr schwierige Fragen, die diskutiert werden mussten. Dann schaute Lillys Mutter das neue Brautpaar an. Sie sah, dass Lilly und Horst alleine gelassen werden wollten, und deshalb verabschiedete sie sich sehr schnell. Die Lichtbilder, aus denen das Hologramm zusammengesetzt war, lösten sich auf, und die beiden waren wieder allein.

Wie komme ich zu einem Kind?

Lilly hatte noch einen großen Wunsch, und sie glaubte, dass jetzt der richtige Zeitpunkt gekommen war, ihn zu erwähnen. Sie schaute Horst an und fragte ihn, ob er daran denke, eine Familie mit Kind zu haben. Horst überlegte. Ein Kind zu haben kann Vorteile haben, bedeutet aber andererseits trotz der Roboterhilfe auch viel Arbeit. Aber er wusste, wenn Lilly sich etwas in den Kopf gesetzt hatte, dann setzte sie sich auch durch. Also gab er sein Ja. Und schnell brachte Lilly die Angebote herbei, die ihr vor kurzer Zeit ins Haus geschickt worden waren, denn die zuständigen Ministerien wussten um ihre Heirat. Überall waren Überwachungskameras angebracht, die das Leben der Bewohner genau kontrollierten. Auch durch die Webcams war die Privatsphäre verletzt. Die Regierung hatte zwar die Wahrung der Privatsphäre durch das Grundgesetz garantiert, aber dieses Gebot wurde missachtet. Das Beste war, kein Handy, kein Kabelfernsehen, kein Bankkonto, keine Geldanlage, keine E-mails zu schreiben, kein Facebook oder Twitter zu benutzen und dergleichen mehr. Aber wer konnte das? Also gab die Regierung auf, und alle Menschen wussten, was die anderen taten. Man wusste, was der Nachbar gerne aß, welche Bücher er las, wohin er reiste, ob er Geldschwierigkeiten hatte. Man lebte in einer Gemeinschaft ohne Geheimnisse.

Es war nicht einfach, ein Kind zu bestellen. Das Angebot in den Katalogen war beträchtlich, denn durch die vielen Völkerwanderungen wurden dem Genpool ganz neue Möglichkeiten gegeben. Die Menschen waren sich immer ähnlicher geworden, sodass man nicht mehr zwischen roten, braunen, gelben oder weißen Menschen unterscheiden konnte. Zuerst mussten sie sich bei der Bestellung entscheiden, ob sie einen Jungen oder ein Mädchen haben wollten. Nach einer langen Diskussion entschieden sie sich für ein Mädchen, denn das war Lillys sehnsüchtiger Wunsch.

Die Augenfarbe war die nächste Entscheidung. Zur Wahl standen bernsteinfarbige Augen, hell-, mittel- und dunkelblaue Augen, oder hell-, mittel-, oder dunkelbraune Augen, grüne Augen, blaugrüne Augen, oder graue Augen – wer die Wahl hat, hat die Qual, denn die Augen sind ja der Spiegel der Seele. Horst wollte ein blauäugiges Kind haben, denn er hatte einmal gehört, dass Menschen mit blauen Augen gut rechnen können, sich alles gut überlegen, was sie tun, mit anderen Worten: Sie sind Verstandesmenschen. Braunäugige Menschen dagegen haben Herz, Gefühl und Wärme für die Mitmenschen. Das war genau der Wunsch von Lilly. Sie einigten sich auf einen Kompromiss: das Kind sollte ein blaues und ein braunes Auge haben.

Zur Debatte stand dann die Haarfarbe. Zur Wahl gab es eisiges blond, samtiges rot, Strähnen in Pastelltönen, Strähnen mit violetten Spitzen, Regenbogenpanorama, und dann natürlich auch einfaches traditionelles blond, schwarz, rot und grau. Da das Kind ein blaues und ein braunes Auge haben sollte, sah man davon ab, nur eine Farbe für das gesamte Haar zu wählen. Man zog einfach einen Scheitel und auf den zwei Seiten hatte man verschiedene Farbtöne. Rechts sollten die Haare lila sein, links rosa, und die Brücke, die beide Farbnuancen verband, sollte grün sein. Das würde sehr schick, apart und postmodern aussehen. Die Haarfarbe war wichtig für die spätere Partnerwahl, denn wie es heißt: „Mit Haut und Haaren bin ich Dein, mit Herz und Seele obendrein“. Allerdings muss man bedenken, dass man Haut und Haare sehen kann, Herz und Seele jedoch liegen nicht an der Oberfläche. Man muss sie ahnen, und manchmal ahnt man eben falsch.

Schwieriger war es dann allerdings, die Intelligenzstufe festzulegen. Horst hatte gelesen, dass intelligente Kinder schwieriger zu erziehen sind als die mit etwas weniger Intelligenz. Lilly hatte gelernt, dass hochbegabte Kinder sehr kritisch seien, die Autorität der Eltern anzweifeln, ihr Zimmer nicht aufräumen, ihr Bett nicht machen, ständig Langeweile haben, sich im sozialen Umfeld als Außenseiter betrachten, und perfektionistische Ansprüche stellen, sogar von ihren Eltern. Sie wollen etwas ganz Besonderes zum Essen haben, wobei das Gemüse nicht besonders hoch auf ihrem Wunschzettel steht. Der Kinderbestellkatalog hat diesen Teil mit einer Warntafel versehen und betrachtete diese Kinder als die drei W-Kinder, da sie andauernd warum, wieso, weshalb fragen. Für Horst waren es die drei Weh-Kinder, da er fürchtete, ihre Fragen nicht immer beantworten zu können. Die vielen Fragen der Kinder müssen immer beantwortet werden, so dass wenig Auszeit für die Eltern vorhanden ist. Schließlich entschlossen sich die beiden für ein Kind mit normaler Intelligenz, denn hochbegabte Kinder waren ihnen zu problematisch.

Dann kam das Problem, ob das Kind mehr rechts- oder linkshirnig sein sollte. Das Gehirn besteht ja aus diesen zwei Hälften, die aber verschieden sind, sodass eine Seite dominieren kann. Beide Hälften empfangen die Rohinformationen aus der Außenwelt, sind also vor der Interpretation neutral, werden aber anders interpretiert. Rechtshirnige Menschen neigen dazu, mitteilsam, erfinderisch und kreativ zu sein. Sie haben eine hohe Ausdrucksfähigkeit, sind intuitiv, und interpretieren die Welt als ein Ganzes. Sie haben auch sehr viel Fantasie und schreiben gerne Sci-Fi Romane. Sie lernen durch Beobachten. Sie sind synthetische Menschen. Linkshirnige dagegen sind logisch, detailorientiert, fertigen eine Liste mit Dingen an, die noch zu erledigen sind, haben für alles eine Erklärung, und bringen Struktur in ihr Leben. Sie sind gut in der Technik, können gut mit Computer umgehen, und haben eine Neigung zum Finanzwesen. Sie sind hauptsächlich Analytiker. Die Wahl für die zukünftigen Eltern war schwer, aber schließlich einigte man sich auf einen Vergleich: beide Gehirnhälften sollten gleich stark ausgeprägt sein.

Horst dachte, dass die Familienerweiterung in der Vergangenheit doch einfacher gewesen war, denn man überließ dies alles dem Zufall und der DNA. Vorbei war die Zeit, in der man noch sagen konnte: „Vater werden ist nicht schwer, Vater sein dagegen sehr“. Der Nachteil allerdings war, dass man damals das Kind nicht zurückschicken konnte, wenn es den gewünschten Ansprüchen nicht entsprach. Aber dafür hatte man das Element der Überraschung, denn manchmal hatte man Zwillinge oder sogar Drillinge.

Dazu muss gesagt werden, dass die gesamte Unterhaltung nicht gesprochen wurde, sondern sich telepathisch vollzog. Horst und Lilly kommunizierten per Internet, denn sie hatten sich mit dem Internet angeschlossen, sodass das Internet nicht außerhalb von ihnen war, sondern in ihnen, genauer gesagt in ihrem Gehirn. Sie waren mit dem Bereich der Swarm Intelligence vernetzt und konnten nicht nur Gedanken, sondern auch Emotionen übertragen. Diese Art der Gedankenübermittlung war durchaus schneller als die traditionelle Dialogführung durch Worte. Die Forschung hatte dies möglich gemacht, nachdem sie das Kommunikationsverhalten von Vögeln, Fischen, Ameisen in ihren Kolonien und der Bienen eingehend studiert hatte, eine Kommunikation, die sich jenseits des gesprochenen Wortes vollzog.

Swarm Intelligence (SI) bot viele Vorteile. Wenn die Forschungsinstitute ein schwieriges Problem zu lösen hatten, sodass die Lösung zu zeitaufwendig für den einzelnen Forscher oder die einzelne Forscherin war, verband man sich durch diese SI mit den besten Forschern und Forschungsinstituten der Welt, und diese dezentralisierte Zusammenarbeit zeitigte in den meisten Fällen den gewünschten Erfolg, denn eine Teamarbeit ist immer erfolgreicher als die Arbeit eines Individuums. Auch in der Roboterforschung kam die SI zur Anwendung, und viele Roboter arbeiteten jetzt nicht allein, sondern im Team. Ein anderer Vorteil lag darin, dass die Nationalstaaten, von denen jeder der erste sein wollte, sich zu Völkergemeinschaften verbanden. Sie waren somit in der Lage, sich besser zu schützen und ihren Einwohnern eine bessere Lebensqualität anzubieten.

Ebenfalls in der Tierforschung war die SI von Nutzen, denn man konnte jetzt das soziale und auch asoziale Verhalten von vielen Tiersorten besser verstehen. Es gab auch schon Experten, die mit Tieren kommunizieren konnten, die sogenannten *animal whisperers.* Besonders Hunde und Katzen zeigen ja Ärger, Zutrauen oder Misstrauen, und jetzt war man in der Lage, das Innenleben der Haustiere zu erforschen. Diese Tierpsychologen konnten Tieren mit Verhaltensstörungen helfen, und es kam nicht selten vor, dass die Tierbesitzer ebenfalls davon profitieren, denn viele wussten nicht, wie man mit Haustieren umzugehen hat.

Aber es gab auch Nachteile. Einer der Nachteile war, dass die gesprochene und geschriebene Sprache verluderte, denn man bediente sich nur selten des gesprochenen Wortes. Die Orthografie war nicht mehr verbindlich, und die grammatischen Regeln wurden nicht befolgt. Wenn einem ein Film gut gefallen hatte, sagte man nicht mehr: „Das war ja fabelhaft, wirklich prima, cool. geil, supergeil“, sondern im Hip-Hop-Jugend-Jargon: „Gut abgefahren“, das war „tight, murder“. Statt „wahnsinnig, wow, atemberaubend“, sagte man jetzt „krass“, oder einfach „episch“. Wenn ein Junge ein Mädchen anstarrte, sagte es jetzt nicht mehr: „Was ist denn los mit dir?“, sondern: „Wat glotzt du denn so, bin isch Kino?“.

Ein großer Nachteil war ebenfalls die Aufgabe der Privatsphäre, denn was man tat und dachte war ja jetzt Allgemeingut. Allerdings hatte die Forschung ein Mittel gefunden, einen privaten Diskurs privat zu halten. Man brauchte dazu nur eine Firewall zu aktivieren, sodass ein Dialog nur zu zweit möglich war. Horst und Lilly hatten aber vergessen, diese Firewall zu aktivieren, und so war ihre Unterhaltung eine *res publica* geworden. Hier konnte jeder mithören, worüber die beiden sprachen, und viele taten es auch.

Es dauerte nicht lange, und dann kamen die ersten Kommentare. Der erste, der sich eingeschaltet hatte, war ein Querulant; er war ehemaliger Facharzt für Otoskopie, oder Hörakustik, Spezialist für die Verschreibung von Hörgeräten für Hörgeschädigte und Taubstumme. Besser gesagt, er war es gewesen, denn man kommunizierte jetzt nicht mehr vom Mund zum Ohr, sondern von Gehirn zu Gehirn. Er musste jetzt vom Grundeinkommen leben, und das war weniger als sein ehemaliger Verdienst. Und so beschwerte er sich über die Forschung der SI, wenn sich die Gelegenheit bot.

Die zweite Stimme beglückwünschte zwar Horst und Lilly, gab aber zu verstehen, dass es besser gewesen wäre, die beiden hätten dem Kind noch eine musikalische Meisterschaft in die Wiege gelegt. Vielleicht könnte dann das Kind gute Musik komponieren, denn die jetzige Musik, die auf dem Markt war, konnte er überhaupt nicht leiden.

Eine andere Stimme gehörte einem Mann, der bemerkte, dass er gerne Science-Fiction Romane lese. Nur sei das, was jetzt auf den Markt kommt, überhaupt nicht lesenswert, denn einerseits seien die Romane viel zu lang, viele von ihnen auch zu didaktisch, und sie enthielten auch zu wenig Humor und Ironie, also das, was ein gutes Buch lesenswert mache. Er jedenfalls hätte dem angeforderten Kind die Gabe einprogrammieren lassen, sodass es gute Science-Fiction Romane zu schreiben in der Lage sei.

Alle diese Bemerkungen und Kritiken waren für Horst und Lilly sehr ermüdend. Für sie war der Tag recht anstrengend gewesen, denn ein Kind zu bestellen ist genau so schwierig, sich ein Auto auszuwählen. Vielleicht sogar komplizierter, denn ein Auto hat keine so lange Lebensdauer wie ein Kind. So begaben sich Lilly und Horst zu ihrer wohlverdienten Ruhe.

Bevor die beiden ihre Hochzeitsreise antraten, mussten noch am folgenden Tag einige Formalitäten erledigt werden. Sie füllten ein paar Formulare aus, schlossen sich an dem Blutdruckmesser an, ließen sich durchleuchten, und beantworteten alle Fragen. Lilly hatte einmal eine böse Nierengeschichte, die aber schnell geheilt wurde. Der Arzt führte die Operation mit dem piepsenden Diagnosegerät Tricorder aus, sodass der operative Eingriff berührungslos ohne Schnitt in die Haut vorgenommen wurde. Das Nanoauto mit dem Medikament wurde dann durch die Blutbahn gezielt an die behandelte Stelle herangeführt; es ersetzte somit die Folgen der Chemotherapie, die auch die gesunden Zellen angriff. Dann schickten sie die ausgefüllten Formulare per Internet an das interstellare Reisebüro. Die Erlaubnis für ihre Reise kam innerhalb von zehn Minuten wieder zurück.

Der Honigmond und die Reise zum Flittterstern

Fast alle Jungvermählten verbrachten ihre Flitterwochen auf dem Flitterstern. Die Oberfläche dieses Planeten flimmerte je nach der Tageszeit – in der Früh rosa, zur Mittagszeit rot, und wenn die zwei Sonnen, die den Planeten mit ihrem Licht überfluteten, untergingen, tauchten sie alles in ein rot-purpurnes Licht. Man konnte sich dort von allen Anstrengungen sehr gut erholen und entschleunigen. Allerdings gab es auch feste Regeln von der Verwaltung: Man durfte kein iPhone benutzen, kein iPad, und auf keinen Fall einen Computer. Mit anderen Worten: Die Arbeit muss man zu Hause liegen lassen, man war nicht erreichbar. Jeder, der sich zu dieser Reise anmeldete, musste ein Dokument unterschreiben, in dem er sich verpflichtete, sich nur erholen zu wollen.

Das war für einige Flittergäste so schwierig, dass sie einen Kursus auf dem Planeten Erde absolvieren mussten, bevor sie ihre Reise antreten durften. In dem Kurs mussten sie lernen, oder wieder lernen, wie man Konversation macht. Viele konnten das nicht mehr; sie dachten ihre Fragen und Antworten immer voraus und warteten nicht auf die Fragen, die der oder die andere stellte. Wenn z.B. zwei in einem Restaurant saβen, sprach man nicht miteinander, sondern sie benutzten das Smartphone. Zu Beginn dieses Kursus verließen die neuen Paare dann das Klassenzimmer und gingen auf den Tennisplatz. Dort mussten sie einen Tennisball über das Netz hin und her schlagen. Das war recht schwierig für einige; sie nahmen einen Ball nach dem anderen und schlugen ihn auf die andere Seite, oder sie versuchten es. Sowie die Spieler die Spielregeln begriffen hatten, ging es wieder zurück in das Klassenzimmer. Dort spielten sie dann eine Art Wort-Tennis. Die Partnerin stellte eine Frage, der Partner griff sie auf, beantwortete sie, und die Antwort ging wieder zurück an die Partnerin. Und so ging es hin und her, und schließlich wurde ein Gespräch daraus. Das war für die meisten ein Aha-Erlebnis. Das Gespräch zwischen Personen war altmodisch geworden, aber die meisten hatten doch ihre Freude daran.

Die Reise zu diesem Planeten verlief ohne Schwierigkeiten. Da Horst und Lilly ungefähr 300 km außerhalb des Abflughafens wohnten, fuhren sie in einer Kapsel mit dem Hochgeschwindigkeit-Röhren-Zug Hyperloop. Dieses von Elon Musk entwickelte Hochgeschwindigkeitstransportsystem lief unterirdisch in einem Fast-Vakuumtunnel mit 550 Stundenkilometern geräuschlos auf Luftkissen. Nach ungefähr 30 Minuten hatten sie den Abflughafen erreicht. Horst erinnerte sich, dass dieses Projekt damals, im 21. Jahrhundert, großes Aufsehen erregt hatte. Anfänglich wurde der Hyperloop nur zum Transport von Gütern verwendet, aber jetzt benutzten die Menschen dieses Transportmittel mit Vorliebe. Es war nicht nur schnell, sondern auch umweltschützend und außerdem schneller und bequemer als eine Reise mit dem Flugzeug. Das Raumschiff stand schon startbereit da, Horst und Lilly stiegen ein, schnallten sich fest, und es dauerte nur eine kurze Zeit, bis sie zu ihrem Ziel gelangt waren, denn das Raumschiff flog durch ein Wurmloch. So dauerte die Reise nicht lange, und man erreichte in kurzer Zeit den Bestimmungsort.

Das Hotel war mit allem Komfort versehen, den man sich denken kann. Das Personal bestand hauptsächlich aus Robotern. Die Roboter der letzten Generation waren den Menschen so ähnlich, dass man nicht wusste, ob man einen Roboter oder einen Menschen vor sich hatte. Nur wenn eine Arbeit fehlerhaft gemacht wurde, fand man die Wahrheit heraus, denn ein Roboter machte keine Fehler, und so hieß auch das Motto dieses Hotels: „Unsere Roboter sind perfekt, und sie zeigen den Gästen allen Respekt“. Es kam vor, so hatte Horst vor einiger Zeit gelesen, dass ein Mensch eine Roboterfrau geheiratet habe und sehr glücklich mit ihr gewesen sei. Sie hieβ Galathea, konnte fantastisch kochen, war äußerst intelligent, hatte viele e-Bücher gelesen, konnte Reparaturen ausführen, alle Fragen beantworten und war immer fröhlich. Zu ihren Vorfahren gehörte die Frau von dem GPS, dem Globalen Positionsbestimmungssystem. Diese regte sich niemals auf, wenn man ihre Fahranweisungen nicht befolgte. Sagte sie z.B: „Die nächste Ausfahrt ist in drei km. Dann bitte rechts halten", und man befolgt das nicht, so sagt sie sehr freundlich: „Die nächste Ausfahrt ist in 80 km. Dann bitte links halten". Eine Ehefrau oder ein Ehemann hätte da ganz anders reagiert! Und wenn die GPS-Frau einen einmal in die falsche Richtung einer Einbahnstraße geschickt hatte, so sollte man das nicht als einen Racheakt auslegen, denn irren ist nicht nur menschlich.

Es dauerte allerdings nicht lange, bevor terestriale Frauen mit einem Robotermann zusammenlebten, denn mit ihm konnten sie besser auskommen als mit den Männern aus Fleisch und Blut. Und er tat alles ohne Widerwillen! Dies war ein sehr praktisches und harmonisches Zusammenleben. Denn er konnte kochen, die Wäsche bügeln und sauber machen, sodass die Frau genug Zeit hatte, Tennis zu spielen oder in den Sportclub zu gehen. Er konnte seine Frau auch gut unterhalten und ihr die letzten Witze erzählen. Das allerdings führte dazu, dass sich die Männer sehr anstrengen mussten, ihre Rivalen aus dem Feld zu schlagen, und sie hatten einen bedeutend humaneren Umgang mit ihren Frauen als zuvor.

Die Weide der magischen Pferde

Am nächsten Morgen gingen Horst und Lilly auf die Weide der magischen Pferde. Lilly hatte schon viel darüber gelesen, und sie war gespannt darauf, nun diese Pferde selbst zu sehen. Sie wusste, dass die Forscher auf diesem Planeten sich intensiv mit dem Menschen-und Tierleben der Erde beschäftigt hatten. Dazu gehörte auch, dass man die Literatur der Erde sehr genau las und herausgefunden hatte, dass zwischen Menschen und Tieren eine enge Verwandtschaft und Freundschaft herrschte, besonders zwischen Menschen und Pferden. Einige dieser Pferde existierten allerdings nicht wirklich, sondern nur in den alten Mythen und in der Literatur. Die Forscher auf dem Flitterstern schufen nun diese Pferde in Fleisch und Blut, sodass alle, die sich mit dieser Literatur befassten, diese Mythen besser verstehen konnten.

Als Lilly und Horst zum Korral kamen, trat ein Etwas auf sie zu, das sie vorher nie gesehen hatten. Dieses Etwas hatte einen Pferdeleib mit einem menschlichen Oberkörper. Lilly wandte sich Horst zu, der sehr erstaunt war. Lilly wusste genau, wen sie vor sich hatte: „Das ist Cheiron, dessen Vater

Kronos gewesen ist, der jüngste Sohn der Gaia oder Erde und des Uranos, oder des Himmels. Kronos, der Vater von Zeus, hatte sich in die Titanin Philyra verliebt, sich ihr in der Gestalt eines Pferdes genähert und mit ihr Cheiron gezeugt. Er ist der Halbbruder von Zeus, der ihn auch nach seinem Ableben als Sternbild Zentaur in den Südhimmel versetzt hatte. Er ist sehr weise und gutmütig, und er ist auch Lehrer von Achilles gewesen. Als Gott der Heilkunst hat er einem anderen Gott der Heilkunst, Asklepios, geholfen. Er ist ein Zentaur, und Zentauren sind gewöhnlich aggressiv, aber er ist eine gute Ausnahme. Er ist hier der Hüter der magischen Pferde, und er eignet sich sehr gut dazu, denn er ist ja halb Pferd und halb Mensch. Wenn man Auskunft haben will, kann man ihn ja fragen". Und Horst tat es auch zugleich.

Eines der Pferde galoppierte von weitem auf sie zu. Cheiron sah die fragende Miene von Horst und wusste sofort, was dieser ihn fragen wollte. „Der Name dieses Pferdes ist Sleipnir. Es ist, wie man sehen kann, achtbeinig, und es war das Pferd des nordischen Obergottes Odin oder Wodan. Da heute Mittwoch ist, ein Tag, der auf englisch *Wednesday* lautet, also Wodan's Day, ist Sleipnir besonders gut gelaunt. Dieses Pferd ermüdet nie, denn es kann sich herumwerfen und mit den vier frischen Beinen weiter traben. Und nicht nur traben – das Pferd macht seinem Namen, ‚der Dahingleitetende' volle Ehre, denn es kann wie ein Fisch im Wasser schwimmen, und wie ein Vogel durch die Luft gleiten. Das Bedeutsame an diesem Pferd ist jedoch sein Ursprung".

„Odin hatte befürchtet, dass seine Burg Asgard, das Heim der Asen und der Wohnort der Götter, Opfer eines Überfalls durch die Riesen werden könnte, und er hatte einen Frost- und Eisriesen gebeten, eine hohe Mauer innerhalb eines Winters um den Wohnsitz der Götter zu ziehen. Dieser erbat sich als Lohn die Göttin Freya, also die Göttin der Liebe und Schönheit, der Fertilität, und die Herrscherin über Leben und Tod. Zusätzlich begehrte der Riese die Sonne und den Mond. Odin, der um seinen himmlischen Wohnsitz fürchtete, willigte ein. Dann jedoch hatten er und die anderen Götter, die Asen, Bedenken, die Göttin und die Gestirne wegzugeben, und sie versuchten, die Fertigstellung dieser Mauer zu dem vereinbarten Zeitpunkt zu verhindern. Der Riese jedoch arbeitete mit seinem überaus starken, prächtigen und intelligenten Hengst Swadifari so schnell, dass die Fertigstellung der Mauer nur noch ein paar Tage dauerte. Die Götter waren ratlos, und wussten nicht, was sie tun konnten. Da sprang der Unruhestifter Loki ein. Er verwandelte sich in eine wundervolle feurige und rassische Stute und rannte mit Swadifari davon, sodas die Mauer nicht zu dem vereinbarten Zeitpunkt fertiggestellt werden konnte. Als der Riese dennoch auf seine Bezahlung pochte, tötete ihn Thor mit seinem Hammer Mjölnir, den Blitzerzeuger. Loki kam nach einigen Tagen zurück, und nach einiger Zeit gebar er ein riesiges Fohlen, das Pferd Sleipnir, das er Odin als Geschenk überreichte".

Am Ende seiner Rede schnaubte Cheiron und ließ ein lautes Wiehern ertönen. Das alles klang wegen seiner Doppelnatur sehr natürlich. Es war auch das Signal für ein anderes Pferd, das zugleich zu ihnen trabte. „Das hier ist Grani, dessen Vater Sleipnir ist. Odin hatte es dem größten Helden der alten Zeit, den Drachentöter Sigurd, übergeben, der später als Siegfried im *Nibelungenlied* erscheint. Grani, wie ihr sehen könnt, ist äußerst stark, sodass er den gesamten Schatz des Drachen Fafnir samt Reiter auf seinen Rücken tragen konnte. Aber er ist auch mutig wie sein Besitzer. Er war so wagemutig und unerschrocken, dass er die Waberlohe, den Feuerring, übersprang, den Odin um seine Lieblingstochter, die Walküre Brünhilde, auf einem Berg errichtet hatte, da sie sich seinem Befehl widersetzt hatte. Sigurd/Siegfried erweckte Brünhilde aus ihrem tiefen Schlaf, so wie es der Gottvater bestimmt hatte. Jetzt weidet es friedlich mit den anderen Pferden und hört am liebsten Wagneropern, besonders *Die Nibelungen*".

Am Rande der Wiese weidete ein herrlicher schwarzer Hengst mit einer weißen Blesse auf der Stirn. Er war prachtvoll anzuschauen, und Lilly fragte Cheiron nach der Geschichte dieses wunderbaren Pferdes. „Es war das Pferd Alexanders des Großen", gab ihr Cheiron zur Antwort, „das ihm sein Vater Philipp II. als Geschenk überreicht hatte. Alexander nannte es Bucephalus, zu Deutsch Rinderkopf, denn das war das Brandzeichen des Pferdes. Alexander zähmte das wilde Pferd, von dem es hieß: ‚Jäh stampft ein Pferd, das wild im Zügel schnaubt'. Es ist das einzige Pferd auf der Wiese, das seine Existenz nicht der Literatur, sondern der historischen Realität verdankt. Die 30-jährige Freundschaft zwischen Alexander und seinem Pferd war sprichwörtlich geworden. Das Pferd begleitete seinen Herrn in alle Schlachten, rettete ihm vielfach das Leben und blieb immer bei ihm. Als es im Jahre 326 vor Christi im Fluss Hydaspes während der Schlacht starb, errichtete Alexander ihm zu Ehren ein Denkmal und gründete dort eine Stadt, die er Alexandreia Bucephala nannte, die heute Lahore heiβt, und die jetzt die zweitgröβte Stadt Pakistans ist".

Als Lilly und Horst in die Höhe blickten, sahen sie etwas über sich schweben, das wie ein groβer Vogel aussah. Bei genauerem Hinsehen entpuppte sich dieser Vogel jedoch als ein Pferd mit Flügeln, die es jetzt hin und her schlug. Lilly wusste genau, was das bedeutete: „Oh schau mal, Horst, das ist doch Pegasus, der aus der Verbindung von dem Meeresgott Poseidon und der Gorgone Medusa stammt. Die Göttin Minerva fing ihn ein und zähmte das wilde Pferd. Danach gab sie das Pferd den Musen als Geschenk. Als die Musen sich auf ihrem Berg Helicon versammelt hatten, stampfte das Tier auf den Boden und die Quelle Hippocreme sprudelte hervor. Dieser wunderschöne weiβe Hengst war ein Symbol der Unsterblichkeit. Wenn du wissen willst wofür, so ist die Antwort: Für die Dichter, denn auch sie wollen sich mit ihren Werken in die Höhe schwingen, und auch sie wollen mit ihren Werken unsterblich sein. Und sie wollen auch, dass ihre Werke gelesen werden und Frucht tragen, genauso wie Pegasus, dessen Hufschläge Quellen hervorzaubern, und dessen Lieblingsort auf dem Berg Helikon ist, dem Sammelplatz der Musen, die sich dort um die Musenquelle versammeln. Und wenn Menschen die Werke unsterblicher Dichter lesen, so sprudeln auch Quellen in ihnen hervor, Quellen, die ihr Leben bereichern können".

Am anderen Ende der Wiese lief ein wunderbarer Rappe so schnell wie der Wind hin und her. „Ja, ja", bemerkte Cheiron, „dieses Pferd ist so schnell wie der Wind, und das ist auch sein Name. Es heiβt Rih auf Arabisch, zu Deutsch Wind, denn es ist so berühmt, dass sogar ein Café in Karlsruhe so benannt war. Es verdankt seinen Ursprung der Fantasie von Karl May, einem der produktivsten Dichter deutscher Sprache. Er ist einer der meistgelesenen Schriftsteller in Deutschland, wo über 100 Millionen seiner Werke gedruckt wurden, und weitere 100 Millionen in anderen Sprachen erhältlich sind. Karl May hat dieses Pferd in seinem Buch *Durch die Wüste* zum Leben erweckt. Mays Superheld, Kara Ben Nemsi, zu Deutsch Sohn des Deutschen, hatte dieses Wunderpferd als Geschenk von dem Scheich der Haddedihn erhalten. Das Wunderbare an diesem Pferd war, dass es so schnell wie der Wind lief, wenn man die Hand zwischen seine Ohren legte und Rih, also Wind, rief, sodass kein anderes Pferd es einholen konnte. Gepflegt, gefüttert und gestriegelt wurde es von Kara Ben Nemsis ergebenen Diener Hadschi Halef Omar Ben

Hadschi Abul Abbas Ibn Hadschi Dawud al Gossarah, dessen Namen so lang war wie die Liebe zu seinem Herrn. Von Hadschi Halef Onar und Kara Ben Nemsi heißt es in dem späteren Lied der Dschingis Khan Pop Band:

Sie zogen durchs wilde Kurdistan,
Zwei, die dem Tod schon oft ins Auge sah'n.
Sie ritten Seite an Seite, waren Freunde für's Leben.
Hadschi hieß der kleine Mann.
Sein Herr war Kara Ben Nemsi.

Es war auch im wilden Kurdistan, dass Rih an einer Kugel starb, die seinem Herrn gegolten hatte. Rih wurde mit allen Ehren stehend begraben. Solche Pferde sind es wert, wieder zum Leben erweckt zu werden", sagte Cheiron stolz, und schaute es liebevoll an. Lilly dachte daran, am Abend einen alten Karl May Film zu sehen, der 2016 vom RTL ausgestrahlt worden war.

Horst hatte sich etwas abgesondert und bewunderte ein wundervolles Pferd, das in der Mitte seiner Stirn ein schneckenartig gedrehtes Horn trug. Er wusste, was für ein Pferd es war, denn er hatte viel über das Einhorn gelesen. Das Einhorn hatte sich in das Gras gelegt und war ersichtlich ermüdet. Es wurde gesagt, dass sein Horn sehr wirkungskräftig sei, dass mit ihm man Wunden heilen und auch Tote wieder zum Leben erwecken könne. Allerdings konnte es auch sein Horn sehr gut gegen die Gegner einsetzen, aber diese Gewalttätigkeit schien von ihm gewichen zu sein. Der Grund war, dass er viel zu viel symbolisches Gepäck auf seinem Rücken trug. Ein Teil davon war die bedingungslose Liebe, mit der die Menschen dieses Fabeltier belasteten. Neben der Jungfräulichkeit, denn die Jungfrau Maria hatte das Einhorn gezähmt, diente es auch durch seine weiße Farbe als Symbol der Unschuld und Reinheit, als Heilmittel gegen alle Arten von Gift. Im Mittelalter musste das Einhorn auch als Wappentier dienen. Es war, kurz gesagt, das edelste der Fabeltiere und die Inkarnation des Reinen, Schönen und Guten. Besungen wurde das Einhorn auch von der Benediktinerin Hildegard von Bingen im zwölften Jahrhundert, der großen Dichterin und dem berühmten Universalgenie dieser Zeit. Die gesamte symbolische Belastung trug das Einhorn auf seinem breiten Rücken, und das durch viele Jahrhunderte hindurch. Nun war es müde und wollte sich hier auf der magischen Weide erholen.

Aber dazu kam es nicht. Horst wusste, dass das Einhorn zu Anfang des 21. Jahrhunderts in Deutschland wieder zum Leben erweckt wurde – allerdings nur in Abbildungen und auf Plakaten. Es erschien auf den Etiketten der Alkoholflaschen, der cereal Verpackungen, auf Hüten, Blusen und als Wandschmuck in Restaurants. Das Einhorn musste als Symbol für Erfolg, Ruhe, Harmonie und Frieden für viele politische Parteien im Wahlkampf herhalten, und im Karneval war das Einhornkostüm viele Male zu sehen. Es erschien sogar in einer Episode der Science-Fiction TV Serie *Dark,* in der ein getöteter Junge ein Einhorn als Tatoo trug. Das alles war sehr erschöpfend für dieses mystische Tier.

Der Lieblingswunsch vom Einhorn war, einmal die *Cloisters* im Fort Tryon Park in der Stadt New York zu besuchen. Dieses Kloster, von John Rockeller aus Europa nach New York gebracht, enthielt auch sieben große im Mittelalter angefertigte Wandteppiche, die die Jagd auf das Einhorn zeigen. Lilly näherte sich ihm und wollte es streicheln, zog dann aber doch rasch ihre Hand wieder zurück, denn das Einhorn war ihr doch zu spitz und gefährlich.

Am anderen Ende der Weide stand ein Pferd, das so abgemagert war, dass man alle seine Rippen sehen konnte. Cheiron wieherte es herbei. Lilly schaute begeistert ihren Ehemann an und sagte: „Schau mal, Horst, das ist doch Rosinante, das Pferd von Don Quichote aus dem weltbekannten Roman von Miguel de Cervantes. Erinnerst du dich nicht an ihn? Es begann damit, dass ein spindeldürrer armer Landadliger Alfonso Quijano durch das Lesen von vielen Ritterromanen auf die Idee kam, die Welt zu verbessern. Er nannte sich jetzt Don Quichote de la Mancha, und ritt mit seinem bäuerlichen und beleibten Gefährten und Stallmeister Sancho Pansa in die Welt hinein, und er kämpfte unter anderem einen aussichtslosen Kampf gegen Windmühlen, die er für fürchterliche Gegner hielt. Aber worauf ritt er denn? Auf Rosinante natürlich, für Don Quichote der schönste Gaul der Welt! Und der Gaul sieht genauso verkommen aus wie sein Herr, hager, altersschwach, und etwas verwirrt. Da das Pferd jetzt ein Teil der Weltliteratur war, wurde es hier auf diesem Planeten wieder zum Leben erweckt. Sein Herr war ein Ritter von der traurigen Gestalt, und jetzt ist Rosinante ein Pferd von einer traurigen Gestalt. Man sollte ein Gerüst um dieses Pferd errichten, denn es sieht so aus, als ob es jeden Moment hinfallen könnte. Ich allerdings habe Mitleid mit ihm“.

Bevor sie Abschied nahmen, dankten sie Cheiron für seine Bereitwilligkeit, Auskunft zu erteilen. Gerade in diesem Moment kam ein Pit Bull, also eine Kreuzung von Bulldog und Terrier, über die Wiese gerannt. Er legte sich vor Cheiron hin und blickte dann auf Lilly und Horst. Er schien darauf zu warten, vorgestellt zu werden, und das tat sein Herr auch zugleich: „Das hier ist Sergeant Stubby, der berühmteste und der am meisten ausgezeichnete Hund der amerikanischen Geschichte. Er wurde im Juli 1917 adoptiert, als er zufälligerweise auf dem Campus der Yale University wanderte, wo gerade Soldaten trainierten. Corporal Robert Conrey nahm ihn mit, nannte ihn wegen seines zerzausten Aussehens Stubby, und schmuggelte ihn mit an die Front. Stubby kämpfte achtzehn Monate in siebzehn größeren Schlachten mit, rettete eine ganze Kompanie vor einem Gasangriff, nahm einen Gegner gefangen und rettete einigen Zivilisten das Leben. Wegen seiner Tapferkeit wurde er von General Pershing und drei amerikanischen Präsidenten – Woodrow Wilson, Calvin Coolidge und Warren G. Harding – geehrt und mit Medaillen ausgezeichnet. Er starb im Schlaf, und nach seinem Tod erschien eine lange Todesnachricht am 4.4. 1926 in der *New York Times*. Er wurde von dem Maler des Weißen Hauses Charles Ayer Whipple gemalt, und ein Disney Zeichentrickfilm: *Sergeant Stubby: An American Hero* beschreibt sein Leben. Stubby war sehr stolz darauf, in diesem Film als authentischer Ratgeber mitgewirkt zu haben, wobei er sich mit Gérard Depardieu, der in dem Film einen französischen Offizier spielte, angefreundet hatte, denn dieser gab ihn immer beim Drehen französische Leckerbissen. Ausgestellt ist er im Smithsonian Institute, und es gibt viele Denkmäler, die zu seinen Ehren aufgestellt wurden. Wir haben ihn hier wieder mit Hilfe seiner DNA zum Leben erweckt, denn ein solcher Hund sollte nicht vergessen werden“. Scrubby war der Erzählung aufmerksam gefolgt und bekräftigte ihren Wahrheitsgehalt durch ein kurzes Bellen.

Als die Beiden wieder zu ihrem Hotel zurückkehrten, sahen sie auf einer Nebenwiese ein großes hölzernes Pferd, bedeutend größer als all die anderen Pferde, die sie bisher erblickt hatten. Sie sahen auch viele Kinder, die mit diesem Pferd spielten. Sie hatten eine Leiter an seinen Bauch gelegt, öffneten eine Falltür und krochen hinein. Da das Pferd auf Rädern stand, schoben es einige kreuz und quer über die Wiese. „Ich glaube“, sagte Lilly, „das ist doch das hölzerne Pferd von Troja, ausgedacht von Odysseus, der mit dieser Idee

Troja besiegte. Zehn Jahre lang hatten die Griechen Troja belagert, und sie waren jetzt müde, Krieg zu spielen. Sie wollten wieder nach Hause, zu ihren Frauen und zu ihren Kindern. Da hatte Odysseus die Idee, ein hölzernes Pferd zimmern zu lassen, in dessen Bauch ein Dutzend Soldaten hineinkrochen. Die Griechen verließen dann anscheinend die Belagerung von Troja, und die Trojaner zogen das Pferd in die Stadt hinein. In der Nacht kamen die Soldaten heraus, öffneten die Tore und ließen die zurückgekehrten griechischen Soldaten hinein, die die gesamte Stadt zerstörten. Jetzt spielen die Kinder damit, und ich weiß nicht, ob sie mit der Geschichte dieses Pferdes vertraut sind“.

Der Tempel der Begnadeten

Nach einem ausgiebigen Frühstück, das aus Waffeln mit Erdbeerkompott und Schlagsahne bestand, wanderten Horst und Lilly durch die Stadt, um etwas Neues zu entdecken und sie wurden auch fündig. In der Mitte eines großen Platzes stand ein Gebäude, das wie ein Tempel aussah. Sie schlossen sich einem Klassenausflug an und gingen mit den Kindern in eine große Halle. Sie nahmen in der hintersten Reihe Platz und warteten jetzt gespannt darauf, was kommen sollte. Sie brauchten nicht lange auszuharren, denn nach einigen Minuten erschien ein älterer, weiß gekleideter Herr, der sich in die Mitte der Bühne stellte und dann alle Anwesenden begrüßte. „Ich freue mich“, so begann er, „dass ihr alle hierhergekommen seid. Ihr wisst, dass dies der Tempel der Begnadeten ist, und ich möchte denen, die es noch nicht wissen, ganz kurz erzählen, was es mit diesem Tempel auf sich hat“.

Der Hohepriester, und es schien, dass er ein solcher war, blickte die Schüler an und bemerkte, dass sie ihm nicht so aufmerksam zuhörten, wie er es wünschte. Einige spielten mit ihrem iPhone und andere schienen ihre Schulaufgaben zu machen. Der Hohepriester lächelte und dachte an die Zeit zurück, als er so jung war wie die, die vor ihm saßen. Er hatte es ja nicht anders gemacht. Aber trotzdem fuhr er weiter fort: „Wie ihr wahrscheinlich schon wisst, versuchen wir, andere Planeten zu bevölkern. Zu diesem Zweck schicken wir kosmischen Staub, angereichert mit Aminosäuren, durch das Weltall und hoffen, dass es im Weltall Planeten gibt, die aus dieser chemischen Verbindung Leben erzeugen. Einige dieser ausgesandten Proben fielen auf die Erde, die für die Erzeugung von Leben geradezu ideal ist. Damit aber fällt uns eine große Aufgabe zu, denn wir müssen den Menschen auch zeigen, wie schön und harmonisch das Leben sein kann. Zu diesem Zweck haben wir dieses Rad hier, das von den Buchstaben des Alphabets umgeben ist. Zu gegebener Zeit drehen wir das Rad, und wir begnaden dann einen Menschen, dessen Namen mit dem eingerasteten Buchstaben beginnt. Und das Geniehafte ist schon in früher Zeit erkennbar".

Hier wurde der Hohepriester von einem etwa 15-jährigen Jungen unterbrochen: „Aber all das liegt doch schon viele Jahre, ja sogar Jahrtausende zurück; das läuft bei mir überhaupt nicht. Diese Leute, diese Begnadeten, sind doch schon lange tot, und ich glaube, man hat sie und ihren Namen schon seit langem vergessen. Gehört nicht das, was Sie da sagen, nicht besser in ein Museum für Altertumskunde?". Der Mann auf der Bühne lächelte, denn er war auf diese Frage vorbereitet, und so erwiderte er: „Wie du wahrscheinlich weißt, und alle deine Freunde ebenfalls wissen, hat jeder Stern ein begrenztes Leben. Auch das Sternfeuer ist dadurch begrenzt und ist nach gewisser Zeit erloschen. Viele Sterne, die wir heute noch am Himmel sehen, existieren überhaupt nicht mehr. Sie sind erloschen, aber wir können ihr Licht noch sehen, denn die Lichtwellen, genauso wie die elektromagnetischen Wellen und die Gravitationswellen, breiten sich mit fast 300.000 km/s aus, also mit 1 Milliarde Kilometer pro Stunde aus. Es ist aber ein weiter Weg von dem Sternenlicht zur Erde, und deshalb können wir das Licht auch noch sehen, wenn der Ursprung des Lichtes nicht mehr da ist. Die Entfernungen übersteigen jedes menschliche Verständnis. Die Andromeda Galaxy ist ungefähr 2,5 Millionen Lichtjahre von der Erde entfernt, das sind fast 24 Trillionen km. So können wir die Ausstrahlung eines Himmelskörpers sehen, auch wenn er nicht mehr existiert".

„Das wissen wir ja", rief ein Mädchen aus der hintersten Reihe, „wir sind ja nicht dumm, und das haben wir alles schon vor zwei Jahren in unseren Klassen gelernt. Was uns interessiert, ist herauszufinden, was all das mit den Begnadeten zu tun hat. Mit anderen Worten: Besteht eine Verbindung zwischen dem Leben oder dem Ableben eines Sternes mit den Begnadeten?".

„Die Antwort ist ja", erwiderte der Hohepriester. „Wenn ihr mich nicht weiter unterbrecht, werde ich es euch erklären. Wie wir also festgestellt haben, ist das Leben eines Sternes begrenzt. Er leuchtet zwar noch, ist aber nicht mehr da – ist erloschen. Die Begnadeten sind wie die Sterne – sie leuchten, wenn sie noch am Leben sind. Sie leben aber auch weiter, denn das Ausgelöschtsein bedeutet nicht ein Nicht-mehr-da-Sein. Die Begnadeten sind unsterblich".

„Ja, das verstehe ich", rief ein Halbwüchsiger begeistert, „das ist sinnvoll. Letztes Jahr hat mir mein alter Großvater ein schönes Geschenk per Post geschickt. Es kam drei Tage nach der Aufgabe an, aber leider war mein Großvater, der schon sehr alt war, gleich nach dem Abschicken gestorben. Aber das Päckchen habe ich trotzdem erhalten, und ich habe mich sehr darüber gefreut. Ist das nicht dasselbe wie mit einem Stern, der ausgebrannt ist, uns aber immer noch am Firmament erfreut?". „Ja, natürlich", erwiderte der Hohepriester, „das ist ein sehr gutes Beispiel. Etwas braucht nicht mehr da zu sein, kann uns aber doch noch viel Freude bereiten. Das gilt auch für Lehrer, die uns unterrichtet haben. Viele von ihnen sind jetzt nicht mehr körperlich mit uns, aber ihre Ideen, Ansichten, und Bemerkungen leben noch weiter".

Und dann fuhr er fort: „Die Begnadeten sind im wahrsten Sinne des Wortes Sternmenschen. Mozarts Musik entzückte nicht nur seine Zeitgenossen, sondern auch uns heute, die viele Jahrhunderte später leben. Goethes Werke haben uns auch heute noch etwas zu sagen, und Karl Friedrich Gauss, Lisa Meitner, die berühmte österreichische Kernphysikerin und Einstein leuchten auch heute noch, obwohl sie nicht mehr zu den Lebenden zählen. Die Begnadeten leuchten in unsere Zeit hinein, wie ein Stern, der nicht mehr existiert, der aber noch nicht aufgehört hat, sein Feuer und seine Schönheit in die Welt zu schicken. Und unsere Aufgabe ist es, den Menschen zu zeigen, dass man auch nach dem Tode weiterleben kann. Ich will jetzt ein paar Beispiele geben".

„Als wir das Rad vor langer Zeit drehten, hielt es bei dem Buchstaben M im Bereich der Musik. So begnadeten wir den jungen Wolfgang Amadeus Mozart, der schon in einem sehr frühen Alter eine Musik komponierte, die so außergewöhnlich war, dass alle Leute, eingeschlossen die Herrscher verschiedener Länder, nicht genug davon haben konnten. Bereits mit sechs Jahren gab er Konzerte, und wenig später komponierte er Symphonien, Opern, Singspiele, und Oratorien. Er schrieb sogar seine eigene Bestattungsmusik, das Requiem in d-Moll. Wir benutzten für Mozarts letztes unsterbliches Werk den Grafen Franz von Walsegg, der diese Komposition bei Mozart in Auftrag gab, um es später wahrscheinlich als sein eigenes Werk aufführen zu lassen. Mozart vollendete es nicht, und so beauftragte Konstanze, seine Witwe, einen seiner

Schüler mit der Vollendung. Wir haben natürlich dabei mitgeholfen, um den Menschen zu zeigen, dass das Hinübergleiten aus dem Reich der Lebenden in das Reich der sogenannten Toten mit ewiger Schönheit umrahmt sein kann.

Die Musik ist ja der Schlüssel zur Metaphysik, und wer diesen Schlüssel zu handhaben weiβ, der tritt in den himmlischen Bereich der Töne, der Euphonie ein. Und noch etwas: Musik führt zusammen, Musik löst alle Gegensätze auf, während die Politik genau das Gegenteil tut. Man muss nur die richtige Musik hören wollen. Musik kann entspannend und beruhigend sein, oder sie kann den Menschen in einen dionysischen, also rauschhaften Zustand versetzen. Nehmen wir als Beispiel die Klezmer Musik, die jüdische Musik der Freude. Wer sie hört, kann nicht stille sitzen, die Zehen wippen im Takt und die Arme schwenken. Es ist eine Musik der Freude und des Frohsinns. Wir begnaden Menschen aber nicht nur in den musischen Künsten, sondern auch im Bereich der Wissenschaft".

„Ich will euch nur ein Beispiel nennen. Vor vielen Jahren, als das Rad im Bereich Mathematik und Physik bei dem Buchstaben G stoppte, begnadeten wir ein kleines Kind namens Carl Friedrich Gauß. Er war ein Genie der Mathematik, und das war schon in den frühen Jahren erkennbar. Mit 18 Jahren erfand er mathematische Formeln für die Erscheinung der Himmelskörper, und später entwickelte er Formeln, die heute noch in der Statistik benutzt werden. Schon mit 30 Jahren wurde er zum Professor der Universität Göttingen ernannt. Er wurde von seinen Zeitgenossen, von den Herrschern hoch geehrt. 1856 ließ der König von Hannover eine Gedenkmedaille mit dem Bild von Gauß zirkulieren, die die Inschrift trug: Mathematicorum Prinzipi – dem Fürsten der Mathematik. Wir haben ihm zu allem geholfen, und das schon von Anfang an, als Gauß nur neun Jahre alt war".

„Der Lehrer in der Volksschule, der seine Ruhe haben wollte, ließ seine Schüler die Zahlen von 1-100 addieren. Er glaubte, dass dies eine lange Zeit in Anspruch nehmen würde. Er hatte sich jedoch verrechnet, denn der kleine Gauß gab ihm das Ergebnis schon nach einigen Minuten. Er hatte eine Methode entwickelt, die wir jetzt unter dem kleinen Gauß verstehen. Er hatte herausgefunden, dass die erste und die letzte Zahl (1+100), die zweite und die vorletzte Zahl (2+99) immer 101 ergaben. Er hatte dann 50 Paare, und er multiplizierte 50 mal 101, und bekam als Ergebnis 5050. Einfach genial. Und wir, die Auβerirdischen, haben ihm dabei geholfen".

„Allerdings gibt es auch einige Pannen, denn nichts auf der Welt und im Universum ist perfekt. Als das Drehrad beim Thema Musik und Komposition bei dem Buchstaben B einrastete, wurde die Übertragung durch die Sonnenflecken gestört, über die wir keine Kontrolle haben. Und so geschah es dann, dass überraschend viele hervorragende Komponisten geboren wurden, deren Namen mit B begannt: Johann Sebastian Bach, Ludwig van Beethoven, Johannes Brahms, Anton Bruckner, Dietrich Buxtehude, Leonard Bernstein, Béla Bartók, und noch einige mehr. Der kosmische Fehler wurde rasch behoben, aber dann passierte es wieder, und es rastete bei dem Buchstaben S ein. Und so erblickten Robert Schumann, seine Frau Clara, Franz Schubert, Dimitri Schostakowitsch, Arnold Schönberg, Igor Strawinsky, Jean Sibelius und Bedřich Smetana das Licht der Welt. Seitdem läuft unser Rad wieder ganz normal, aber die Welt hatte durch unseren musikalischen Eingriff enorm gewonnen“.

Lilly und Horst hatten jetzt genug gehört, und sie verließen den Tempel. Sie gingen noch eine Weile spazieren und kehrten dann zum Hotel zurück. Es war ein aufregender Tag für sie gewesen, und beide waren müde.

Leben mit Robotern

Für den nächsten Tag hatte Lilly einen Plan gefasst. Sie musste immer wieder an ihre Großmutter denken, die ihr die Geschichte von den Sternschnuppen erzählt hatte, und dass der, der eine Sternschnuppe sah, einen Wunsch frei hatte. Und Lilly hatte einen solchen Wunsch. Sie hatte schon viel von den Parallelwelten gehört, auf denen Menschen leben sollten, die den Menschen auf der Erde so ähnlich waren, dass ihre DNA übereinstimmten. Und warum auch nicht? Es gab doch eine unzählige Anzahl von Welten, Planeten und Sternen, Sonnensystemen und Galaxien, die unserer Erde sehr ähnlich waren. So war es durchaus möglich, dass auf diesen fernen Planeten Menschen existierten, die fast wie unser Spiegelbild waren. Lilly hatte im galaktischen Institut Recherchen angestellt, um herauszufinden, auf welchen Planeten oder Sternen ihr Spiegelbild lebte, und sie hatte eine Antwort erhalten. Der Planet war nicht allzu weit weg von ihrem jetzigen Aufenthalt. Sie wollte auf jeden Fall dorthin, und deshalb sagte sie Horst, dass sie heute Kopfschmerzen habe, und dass er deshalb etwas alleine unternehmen solle. Das war Horst recht, denn er wollte sich das Fußballspiel anschauen, in dem das Midea-Keuka Roboterteam aus Augsburg gegen den Berliner Hertha BSC antrat. Horst hatte auf das Roboterteam gesetzt, denn Roboter machten weitaus weniger Fehler als Menschen.

Horst musste dabei an die Zeit denken, in der die Menschen Angst vor den Robotern hatten, denn das war etwas Neues, und jedes Neue bringt ein Angstgefühl im Menschen hervor. Der Mensch ist, wie man sagt, ein Gewohnheitstier. Nicht nur, dass das Privatleben nach einem bestimmten Schema abläuft, wie z.B. Aufstehen, Frühstücken, Fragen der Kinder zu beantworten, iPad zu lesen, den Tagesablauf mit der Frau/Partnerin zu besprechen, zur Arbeit fahren und dergleichen. Auch auf der Arbeitsstelle ändert sich im Grunde wenig. Man weiß, wo man hingehört und was von einem erwartet wird. Das ist sehr beruhigend.

Aber dann kamen die Roboter. Zuerst lachte man über sie, wenn ein Roboterscheibenstaubsauger geräuschlos über die Teppiche kreiste. Man begrüßte es, wenn ein Roboter nicht nur den Kaffee aufbrühte, sondern ihn auch servierte. Und die Roboter lernten schnell. Nach kurzer Zeit hatten sie die Fähigkeit entwickelt, Latte, Espresso, Cappuccino, Mocca und dergleichen zuzubereiten, sie wussten die Geschmacksrichtung der Menschen ganz genau. Sie lernten jeden Tag etwas Neues, denn die selbstlernenden Algorithmen ermöglichten das.

Die KI wurde immer besser. Schon im Jahre 2017 hatte man selbstparkende Autos entwickelt, die eine Rechenleistung von 740 Gigaflops aufwiesen, wobei FLOP als Abkürzung für *Floating Point Operations* steht, zu Deutsch: Gleitkomma Operationen. Das sind eine Millliarde (10^9) Rechenoperationen pro Sekunde! Es dauerte nicht lange, und eines Tages saßen die Roboter vor den Computern, die ja mit ihnen verwandt waren, und erledigten die Arbeit, die zuvor Menschen gemacht hatten. Sie wurden jetzt die Industrie 4.0 (IR 4) genannt, die vierte industrielle Revolution, eine selbstorganisierte Produktion, in der die digital vernetzten Systeme Maschinen, Produkte, Logistik, Wartung, Zustellung, Recycling, und Menschen miteinander kommunizieren. Die IR 1 war ja die Entdeckung der Wasser- und Dampfkraft; die von der elektrischen Energie abgelöst wurde, und diese wiederum durch den Einsatz von Elektronik, wobei die Computer, oder die elektronische Datenverarbeitungsanlage, eine bedeutende Rolle einnehmen. Roboter sind billiger, stellen keine hohen Ansprüche und können widerstandslos durch eine neuere Generation mit besserer Sensorik ersetzt werden. Und die Menschen bekamen Angst, denn die künstliche Intelligenz war in vielen Fällen ihrer eigenen überlegen. Sie hatten Angst, durch die Digitalisierung und dem technischen Fortschritt beruflich abgehängt zu werden. Das geschah dann auch.

Eine Zeit der Massenarbeitslosigkeit fing an, und über hundert Millionen Menschen verloren weltweit ihren Job oder Teile ihres Einkommens. Durch die Machtergreifung der Digitalisierung, die fortschreitende Automatisierung und den Einsatz von Robotern betroffen wurden vor allem die Routinetätigkeiten mit mittlerer Qualifikation, z.B. Facharbeiter in der Industrie, die dann von dem verarbeitenden Gewerbe in den Dienstleistungssektor überwechselten, der bedeutend schlechter bezahlt wurde. Besonders betroffen wurden Taxi- und Lastwagenfahrer, dann auch Anwälte und Ärzte und auch Politiker, Polizisten, und Soldaten, denn die Roboter mit einer hoch entwickelten künstlichen Intelligenz (KI) erwiesen sich als effizienter als die Menschen. Zu den Arbeitslosen zählten schließlich auch die Informatiker, denn die KI der Roboter war der Intelligenz der sie Erschaffenden so weit überlegen, dass sie sich ohne menschliche Hilfe weiter entwickeln und auch reparieren konnten.

Horst erinnerte sich an ein Gespräch, das er mit einem der abgehängten Bewerber geführt hatte. Dieser musste mit einem Roboter einen Test ablegen, auf dem ein Interview folgte. Beide erhielten ein Problem, von dessen Lösung es abhing, wer den Job bekam:

„Ein Mann wollte zum Geburtstag seines Sohnes in eine andere Stadt fahren. Er wusste, dass sein Sohn sehr patriotisch war, und dass er sich zum Geburtstag eine lange Fahnenstange gewünscht hatte, die er in seinem Vorgarten aufrichten wollte. Er kaufte sie und wollte damit in den Bus einsteigen. Der Busfahrer sagte ihm, dass er die Fahnenstange nicht im Bus mitnehmen könne, denn sie sei 5 m lang, und die Vorschriften erlaubten Gepäckstück von nur maximal 4 m. Der Mann dachte lange nach, aber dann hatte er die Lösung für sein Problem gefunden. Nach einem Einkauf bestieg er den Bus mit seinem Geschenk, das 5 m lang war, und der Busfahrer machte keinen Einwand. Was hatte der Mann gekauft?“.

Der menschliche Bewerber antwortete: „Er darf die 5 m lange Fahnenstange nicht im Bus mitnehmen, aber es gibt keine Vorschriften, dass er sie nicht auf dem Dach des Busses mitnehmen könne. Er legte sie einfach auf das Dach, befestigte sie, und er war glücklich“. Der Testabnehmer lächelte und sagte ihm, dass das eine mögliche Lösung sei, aber leider nicht die richtige. Der Roboter erwiderte; „Der Mann ging in ein Geschäft und kaufte dort einen Karton mit den Ausmaßen von vier und drei m. Er ging zum Busbahnhof, wo er die Fahnenstange in der Gepäckaufbewahrung gelassen hatte, nahm sie heraus und legte sie diagonal in diesen Karton. Sie passte genau, denn der Roboter kannte den euklidischen Lehrsatz des Pythagoras, der besagte, dass in einem rechtwinkligen Dreieck die Summe der Flächeninhalte der Kathetenquadrate gleich dem Flächeninhalt des Hypotenusenquadrates ist. Mit anderen Worten: $a^2 + b^2 = c^2$. In dem Beispiel ist a= 3, und b=4, im Quadrat 9 und 16, also 25. Und die Quadratwurzel aus 25 ist 5. Das ist dann die Länge der Hypothenuse, oder der Diagonale des Kartons. Und der Mann durfte den Karton mit einer 5 m langen Fahnenstange in den Bus mitnehmen“. Der homo sapiens sagte verblüfft: „Ja, natürlich, die Antwort ist einfach, ja so einfach, dass ich sie nicht gefunden habe.“ Und mit dieser Antwort erhielt der Roboter den Job und der Mann sein kleineres Grundeinkommen, denn er war ja jetzt arbeitslos. Später stellte sich heraus, dass der Roboter schon in seiner Jugend Rennautos als Testwagen gefahren hatte und auch schon ein Raumschiff sicher nach Mars gebracht hatte. Er hatte viel bei diesen Tätigkeiten gelernt, besonders das logische Denken“.

Nur in einem Bereich konnte man die Roboter nicht einsetzen, in die Funktion als Geistlicher. Man hatte es versucht, aber als ein Roboterpfarrer einmal die Beichte abnehmen sollte, versagte er, denn er wusste trotz allen Bemühens nicht, was er als Sünde bezeichnen sollte, und wenn ja, warum Sünde zu verwerfen sei. Der Roboter wusste, dass es eine Ursünde gab, die darin bestand, dass Adam auf Anraten von Eva vom Baum der Erkenntnis gegessen hatte, und dass sie deshalb das Paradies verlassen mussten, aber warum war das eine Sünde? Beide, Menschen und Roboter, sind doch so programmiert, immer mehr Erkenntnis zu erlangen. Und hatte ein Dichter nicht einmal gesagt: „Nur wer strebend sich bemüht, den können wir erlösen?“. Wenn der Mensch nicht vom Baum der Erkenntnis essen sollte, um den Unterschied zwischen Gut und Böse zu erkennen, wie die Schlange Eva zuflüsterte, wie kann dann der Mensch entscheiden, welche seiner Handlungen gut oder böse sind? Das alles war sehr verwirrend für die Programmierung des Roboters, und er tat das, was die Menschen in einem solchen Fall tun — er gab auf, streikte, stellte seine Algorithmen ab, also die logische Vorgehensweise für die Lösung eines Problems, und begab sich in seinen Schlafzyklus.

Es gab dann viele Aufstände gegen den Einsatz dieser Techno-Maschinen, genauso wie es vor vielen Jahrhunderten Demonstrationen gegen die Entwicklung von Autos gegeben hatte, die viele Pferdekutscher arbeitslos machte. Diese Angst war zum Teil berechtigt, denn ein Roboter ersetzt einen oder mehrere Menschen. Schon im 21. Jahrhundert wurde errechnet, dass jeder zweite Arbeitsplatz von den Robotern bedroht sein könnte. Es wurden aber auch Menschen eingestellt, wenn auch nur als Teilzeitbeschäftigte, besonders in dem Logistikzentrum, der Wartung von Robotern und in der Informationstechnologie. Die Arbeit war zweigeteilt. Die Menschen programmierten die Roboter, und die Roboter programmierten die Menschen, so dass sie nichts Falsches taten.

Man versuchte das Rad der Entwicklung zurückzudrehen, zu einer Zeit, die für viele die gute alte Zeit war. Dies geschah nicht nur für die Arbeitsbedingungen, sondern auch politisch, und man wählte die Partei, die die Angstgefühle der Menschen ansprach und nicht den Verstand. Politiker versprachen, die gute alte Zeit wieder aufleben zu lassen. Man wollte zurück in die Vergangenheit. Der Staat musste eingreifen, um größere Unruhen zu verhindern. Nach langer Debatte garantierte er jedem ein festes Grundeinkommen, sodass es ein allgemein sicheres soziales Netzt für alle gab.

Horst erinnerte sich daran, dass viele gegen die Einführung eines bedingungslosen Grundeinkommesn Stellung bezogen, darunter auch die Gewerkschaften. Sie fürchteten, dass das gesamte Wirtschafts- und Sozialsystem dadurch gefährdet werden könne. Eine solche grundlegende Änderung sei ein Angriff auf die abendländischen Werte, die in dem Motto gipfelten: *ora et labora*, also bete und arbeite. Und Goethe hatte dem Prinzip der Tätigkeit bis an sein Lebensende gehuldigt. Leistungsbereitschaft und Eigeninitiative seien dadurch gefährdet. Belohnt werden soll Leistung und nicht Untätigkeit. Der Mensch soll nicht unabhängig von der Erwerbstätigkeit leben, sondern ist so programmiert, dass er arbeiten muss, um glücklich zu sein. Und was macht der Mensch dann, wenn er nicht arbeitet? Er könnte vielleicht kriminell werden, und das ist ein weiterer Grund, kein bedingungsloses Grundeinkommen zu verlangen. Diese Ansicht setzte sich jedoch nicht durch, und nach einiger Zeit waren alle Menschen glücklich, mehr Freizeit zu haben, die sie der Familie und ihrer Fortbildung widmen konnten.

Nach einiger Zeit sah man ein, dass der Wandel in der Arbeitswelt auch viele Vorteile bot, und man akzeptierte ihn. Die Menschen gewannen mehr Freiheit durch das Grundeinkommen, und man konnte sich mehr den Hobbys widmen. Das Grundeinkommen begünstigte Arbeiten, die man vorher nicht bedacht hatte. Das war der Fall für die unbezahlten, oder schlecht bezahlten Arbeitsrichtungen, wie zum Beispiel die Sorgearbeit für die ältere Generation, die Arbeit für das Gemeinwesen. Allen wurde die Existenzangst genommen, denn das Grundeinkommen garantierte ein Leben ohne Angst und schaffte eine soziale Sicherheit. Das Angstgefühl wich, und hier war es hauptsächlich die Jugend, die den Wandel akzeptierte. Es gab viele Vorteile: Die Arbeitswelt veränderte sich rapide. Man brauchte nicht mehr jeden Tag ins Büro oder in die Fabrik zu gehen, sondern man konnte von zu Hause aus arbeiten. Und da die Computer geschlechtsneutral sind, kamen immer mehr Frauen in die Wirtschaft, und sie wurden genauso gut bezahlt wie die Männer. Auch gab es wegen der schlechten Geburtenrate in Deutschland mehr Jobangebote als Arbeitskräfte. So füllten die Roboter und die Digitalisierung die Marktlücke, und der Wohlstand der Bürger stieg. Die Roboter waren kollaborativ, und der Mensch lernte, mit ihnen umzugehen und sie zu akzeptieren. Alles in allem hatte man verstanden, diesen Wandel positiv zu nutzen.

Danach wollte sich Horst entspannen und in den Spielsaal gehen, wo man mit Robotern Poker spielen konnte. Ein Roboter war immer in Nachfrage; es war Deep Stack, ein Computer-Roboter, der intuitiv funktionierte. Er konnte auch gut bluffen, und konnte erkennen, wenn seine Mitspieler keine gute Hand hatten. Horst wusste, dass die Entwicklung der KI im letzten Jahrhundert rapide Fortschritte gemacht hatte, dass sie sogar die menschliche Intelligenz (MI) an Geschwindigkeit und Zuverlässigkeit bei weitem übertrafen. Auch ließ bei ihnen die Speicherkapazität nicht nach wie es bei Menschen im fortgeschrittenen Alter der Fall war. Und die Menschen waren ja an Spielcomputer schon seit ihrer Jugend gewöhnt, denn die Computer waren immer enger in das Leben der Menschen eingedrungen, sodass diese ohne Computer überhaupt nicht mehr existieren konnten. Viele Menschen lebten jetzt schon in einem virtuellen Raum, in dem die Sinneneindrücke der Außenwelt durch die vorgetäuschte simulierte Welt mit Hilfe des Gehirns durch das Internet ersetzt wurden.

Horst hörte im Hintergrund die musikalische Darbietung der drei Oldtimer Robotnicks, die die Schlager der alten Zeit ertönen ließen. Der Roboter-Schnulzensänger sang gerade *sotto vocet* „Dein ist mein ganzes Herz", als Horst sah, wie ein kleiner Junge seine Mutter fragte: „Mutti, was ist ein Herz?". Diese Frage war berechtigt, denn der Kleine war schon von früh an von Robotern umsorgt worden. Seine Kinderfrau kam aus einer angesehenen Roboterfabrik, seine Lehrer waren Roboter, und einige seiner besten Freunde ebenfalls. Die Mutter erwiderte dann nach einer langen Pause: „Es ist schade, dass man bis jetzt es noch nicht fertig gebracht hat, das Wort Herz in die Datenbank eines Computers einzuspeichern. Ich will dir deshalb eine Geschichte erzählen, die ich vor langer, langer Zeit gelesen habe: „Es gab einmal in Florida einen kleinen Naturzoo, den man den Parrot Jungle nannte, denn dort waren hauptsächlich Papageien zu finden. Darunter war auch einer, der schon sehr alt war, ja sogar so alt, dass er nicht mehr essen konnte, denn sein Schnabel war so abgewetzt und so stumpf geworden, dass er die Sonnenblumenkerne nicht mehr aufknacken konnte. Aber er brauchte das nicht zu tun, denn er saß auf dem Querbalken eines hohen Mastes zusammen mit einem jüngeren Papagei. Der knackte die Kerne auf und fütterte sie seinem Partner, der sie dankend annahm und dann als Gegenleistung seinem Helfer den Kopf kraulte, was Papageien ja gerne haben. Und siehst du, dieser Papagei hatte ein Herz, denn ein Herz haben bedeutet, dem anderen zu helfen, wenn dieser nicht mehr in der Lage ist, es selbst zu tun". Der Junge hatte angespannt zugehört, und als die Mutter aufhörte, sagte er: „Diese Geschichte ist sehr schön. Aber kannst du mir sagen, was ein Papagei ist"?. Die Mutter war etwas verwirrt, denn sie hatte ja nicht daran gedacht, dass es keine Papageien mehr gab, und auch keinen Papageiendschungel, denn jetzt war ja alles gepflastert und bebaut. Sie versprach dann ihrem Sohn, ihn in das ornithologische Museum zu führen, wo man noch ausgestopfte Papageien sehen konnte, ja nicht nur sehen, sondern mit Hilfe eines Computerprogramms auch fragen, warum sie alle ausgestorben waren.

Aber wir wollen hier nicht weiter berichten, wie es Horst später erging, nur, dass er noch so viel Geld hatte, sich an der Bar eine Flasche Marsbier zu erstehen, dessen rötliche Farbe für ihn Liebe, Mut und Energiekraft bedeutete. Diese rötlich schimmernde Farbe war auch die Farbe der Flasche, denn das Bier war auch ein beachtliches Exportprodukt des roten Planeten. Horst wollte noch eine Flasche Bier erstehen, aber zur zweiten Flasche hatte er leider kein Geld mehr.

Ein Abstecher in die Parallelwelt

Während Horst sich das Roboter-Fuβballspiel anschaute, hatte Lilly etwas ganz Wichtiges vor. Sie ging zum Raumschiff-Flughafen, von dem jede Stunde ein Omniraumschiff zu ihrem gewünschten Planeten startete. Lilly dachte immer, dass sie zu einem solchen Stern fliegen würde, denn sie hatte doch ihren geheimen Wunsch gedacht, als sie eine Sternschnuppe auf die Erde fallen sah. Dann aber korrigierte sie sich schnell, denn sie kannte doch den Unterschied zwischen einem Planeten und einem Stern. Planeten umkreisen eine Sonne, gehören also einem Sonnensystem an; und sie erhalten ihr Licht von dieser Sonne, reflektieren es also. Ein Stern dagegen erzeugt seine eigene Lichtquelle. Lilly dachte dann, das es doch vielleicht besser wäre, statt Sternschnuppe Planetenschnuppe zu sagen.

Es dauerte nicht lange, und das Raumschiff landete. Das Haus ihres Spiegelbildes auf der alternativen Welt war nicht allzu weit vom Raumschiffhafen entfernt, und Lilly konnte die kurze Strecke per Fuß bewältigen. Sie fand auch sehr schnell das Haus heraus, denn sie hatte es oft in ihren Träumen gesehen. Sie hatte sich ein Übersetzungsgerät umgehängt, sodass sie alle Planetensprachen verstehen konnte. In der Mitte der Tür war ein groβer metallener Pferdekopf angebracht. Dieser schaute sie mit seinen groβen Augen an, die ihr folgten, als sie zur Seite trat. Der Pferdekopf öffnete die breiten Lippen und gab ihr zu verstehen, dass seine Familie auf einen Besuch zu dieser Zeit keinen Wert lege. Lilly lieβ sich jedoch nicht abschrecken, denn sie hatte wenig Zeit. Sie bat den Pferdekopf, mit seiner Familie Rücksprache zu halten, denn was sie zu sagen habe, sei sehr wichtig. Der Pferdekopf erwiderte jedoch dasselbe, was er schon gesagt hatte. Und so ging es hin und her, bis sich plötzlich die Tür öffnete und eine Frau erschien, die Lilly sehr ähnlich sah.

Man kann nicht nur sagen, dass diese Frau wie Lilly aussah, sondern sie sah sogar fast identisch aus. Beide schauten sich verblüfft an, bis die Frau im Türrahmen Lilly bat, doch einzutreten. Lilly nahm diese Einladung an, und beide gingen in das Wohnzimmer, wo der Mann der Spiegelbildfrau bequem in einem Sessel saß. Die Frau fragte Lilly, was ihr Besuch bedeutete, und jetzt sprudelte es aus Lilly heraus. „Ich glaube, Sie sind mein Spiegelbild“, so begann sie, „denn Sie haben dieselbe DNA wie ich, und Sie sehen auch so ähnlich aus wie ich; Sie könnten meine Zwillingsschwester sein. Wissen Sie, ich habe mir immer eine Schwester gewünscht, bin aber immer nur ein Einzelkind geblieben. Und jetzt habe ich eine gefunden, auf einem anderen Planeten, und ich weiß so gut wie gar nichts über sie. Und deshalb bin ich hierhergekommen, um herauszufinden, welche Gemeinsamkeiten wir beide aufzuweisen haben. Und vielleicht werden wir sogar sehr gut befreundet“. Die Frau ihr gegenüber lächelte und erwiderte, dass sie auch öfter daran gedacht habe, ihr Spiegelbild auf einem anderen Planeten zu suchen, denn sie hatte das Gefühl, dass es ein solches gebe. Und dann schauten sich die beiden an und schwiegen.

Unterbrochen wurde dieses Schweigen durch den Mann, der der Unterhaltung sehr aufmerksam gefolgt war. Lilly schaute ihn sich genau an und entdeckte Ähnlichkeiten mit ihrem Freund, den sie hatte heiraten wollen. Sie und ihr ehemaliger Freund hatten schon große Heiratspläne gemacht, aber dann geschah etwas, was sie auseinander brachte. Ihr Freund arbeitete für eine Firma, die auf einen anderen Planeten verlegt wurde, und Lilly wollte nicht dorthin übersiedeln. Also trennten sie sich. Lilly überlegte, was passiert wäre, hätte sie diesen Freund geheiratet. Es schien, als ob die beiden, die vor ihr saßen, eine sehr glückliche Ehe führten. In Lilly schoss der Gedanke hoch, dass ja auch sie mit diesem Mann hätte verheiratet sein können, aber sie verwarf diesen Gedanken sehr schnell, denn sie war ja jetzt die Frau von Horst. Aber es wäre ja doch recht interessant, darüber nachzudenken, was passiert wäre, hätte sie diesen Mann geheiratet.

Drohnen und Gravitationswellen

Und so stellte Lilly einige Fragen, um herauszufinden, was der Mann eigentlich mache. Sie brauchte nicht lange zu fragen, denn er beantwortete ihre Frage schnell und gut. Er war in der Abteilung für Drohnenentwicklung beschäftigt. Er begann mit einem historischen Überblick. Vor vielen Jahrzehnten, so bemerkte er, hatte man verschiedene Drohnen entwickelt. In einem Museum, so behauptete er, gebe es sogenannte solarbetriebene Kampfdrohnen, die man im Krieg eingesetzt hatte. Das war an sich eine gute Idee, denn so brauchte man weniger Piloten, die sonst großen Gefahren ausgesetzt waren. Allerdings machten diese unbemannten Kampfmaschinen keinen Unterschied zwischen Kombattanten und Nichtkombattanten, und so geschah es, dass viele Zivilisten getötet wurden. Dann kamen die zivilen Flugmaschinen, zuerst die Logistikdrohnen, die zum Transport von Waren eingesetzt wurden, besonders von verderblichen Waren. Hier war Amazon, ein universales Unternehmen, der Marktführer. Drohnen wurden zur Verkehrsüberwachung entwickelt, sodass man genau wusste, wo ein Stau herrschte oder eine Baustelle den Verkehr behinderte. Drohnen waren auch hilfreich für die Paketzustellung der Post und des UPS, und sie wurden auch als Taxis eingesetzt. Die Drohnen für Rettungsaktionen halfen Menschen bei Hochwasser, und Polizeidrohnen bei der Verbrecherjagd. Die Anwendungsbereiche für Drohnen in der Land- und Forstwirtschaft sind sehr vielseitig – sie sind zum Beispiel für die Landwirte unerlässlich. Drohnen können auch Tiere retten, die durch die großen Mähmaschinen gefährdet sind. Und für einen Hausverkauf waren Drohnen unerlässlich, denn sie machten gute Luftaufnahmen, man konnte das Haus dann sehr gut verkaufen.

Plutonius, so hieß der Mann, hielt jetzt an, und Lilly dachte nach. Auch Horst hatte in seiner Jugend mit Drohnen gearbeitet, und sie war seiner Arbeit mit großem Interesse gefolgt. Er hatte zum Beispiel eine Drohne entwickelt, die mit einem Roboter zusammenarbeitete. Wenn die Robotermaschine den Rasen schnitt, schwebte die Drohne über sie und steuerte sie an allen Hindernissen, die im Weg lagen, vorbei. Drohnen waren auch eingesetzt von den Supermärkten, die die bestellten Nahrungsmittel innerhalb von Minuten an die richtige Adresse schickten. Als sie Horst einmal fragte, woher der Name Drohne eigentlich komme, erwiderte er: „Eine Drohne ist eine männliche Biene, die, wenn sie fliegt, ein summendes oder brummendendes Geräusch macht. Man kann auch sagen: sie dröhnt. Und deshalb nennen wir jetzt die Drohne nach den Fluggeräuschen dieser kleinen, nutzvollen und beflügelten Tierchen“.

Lilly fragte dann Plutonius, wofür er sich jetzt interessiere. Sie fand heraus, dass sein Hobby das Studium von Gravitationswellen sei. Der Nachweis von Gravitationswellen, so sagte er, bringt enorme Vorteile. Zuerst eröffnet er einen vollkommen neuen Blick in das Universum. Es ist eine Revolution im Verständnis des Weltalls, genauso wie vor vielen Jahrhunderten Galilei mit seinem Teleskop den Beweis erbrachte, dass wir nicht in einem geozentrischen System leben, sondern in einem heliozentrischen, d.h., dass die Erde um die Sonne kreist und nicht die Sonne um die Erde. Die Gravitationswellen bewegen sich auch im Gegensatz zu den elektromagnetischen Wellen nicht durch den Raum, sondern im Raum. Elektromagnetische Strahlungen können durch Hindernisse im Raum beeinflusst oder sogar absorbiert werden; Gravitationswellen dagegen werden nicht durch die Materie beeinflusst. Sie sind Informationsspeicher, denn sie tragen in sich die Ursachen und Veranlassungen ihrer Auslösung. Das ist besonders wichtig für die schwarzen Löcher, die, wie schon ihre Benennung feststellt, kein Licht reflektieren, also nicht sichtbar sind. Wir wissen nichts oder sehr wenig über ihr Inneres und über ihre Entstehung. Es kann angenommen werden, dass jede Galaxie ein solches schwarzes Loch enthält, und es ist wissenschaftlich äußerst wertvoll, herauszufinden, welche Informationen in solchen schwarzen Löchern enthalten sind, über ihre Bildung, und was bei der Kollision zweier schwarzer Löcher passiert. Die Gravitationswellen ermöglichen auch, die Analyse einer Supernova, wenn ein massiver Stern am Ende seiner Lebenszeit explodiert und dabei sehr hell aufleuchtet. Ebenfalls könnten wir mehr über den Urknall erfahren, diese kosmische Inflation, der wir die Erschaffung von Himmelskörpern, Sonnen, Planeten usw. verdanken. Unser Bild und unser Verständnis des Universums würden sich durch das Studium der Gravitationswellen rapide ändern. Interessant wäre es auch nachzuweisen, ob sich die Gravitationswellen mit Lichtgeschwindigkeit ausbreiten, wie Albert Einstein es vorausgesagt hatte, oder vielleicht sogar noch schneller.

Nach einer längeren Diskussion über dieses Thema, das von beiden Seiten angeregt geführt wurde, verabschiedete sich Lilly von ihren Gastgebern. Bevor sie wieder in ihr Hotel zurückkehrte, vereinbarten sie ein weiteres Treffen nach zehn Jahren, aber diesmal auf der Erde. Lilly sagte auch, dass sie Familiennachwuchs erwarte, und als ihr Spiegelbild lächelte, wusste sie, dass die Beiden auf dem anderen Planeten dasselbe geplant hatten.

Nach der Verabschiedung ging Lilly. Sie und Horst blieben noch zwei Tage auf dem Flitterstern, spielten Golf, besuchten noch einmal die Weide der magischen Pferde, und dann ging es wieder zurück zu ihrem Wohnort auf der Erde. Die Reise verlief ohne weitere Schwierigkeiten, und beide gingen am nächsten Tag wieder zu ihrer Arbeit.

Lisa

Zehn Jahre gehen schnell vorbei, besonders wenn man viel zu tun hat. Und Arbeit gab es. Der Hauptgrund war der Familiennachwuchs. Als Lilly und Horst wieder zu Hause waren, riefen sie sofort das Institut an, das ihr Kind liefern sollte, denn Lilly wollte es unbedingt jetzt haben. Es gab allerdings eine kleine Verzögerung, denn viele Familien hatten Eingaben gemacht, und das Labor war vollkommen überlastet. So musste man noch einige Wochen warten. Aber eines Tages war es dann soweit. Lilly und Horst hatten sich gerade zum Abendessen hingesetzt, als ein großes Etwas über den Rasen geflogen kam, und dann direkt vor der Haustür zur Landung ansetzte. Lilly schaute aus dem Fenster, rief Horst und beide staunten, dass ein großer Storch jetzt auf ihrem Rasen gelandet war. Es war allerdings kein Storch, sondern eine Drohne im Storchformat. Der Manager der UPS hatte sich das ausgedacht, denn er hatte gelesen, dass in der Vergangenheit die Leute glaubten, die Störche würden die Kinder bringen. So entwickelte er eine Drohne, die wie ein Storch aussah, mit zwei langen Beinen, einem großen roten Schnabel, und einer Wiege auf dem Rücken. Der Storch klapperte mit dem Schnabel, nahm dann ein kleines Bündel aus der Wiege und deponierte es sorgsam direkt vor die Haustür. Dann klingelte er noch einmal kurz mit dem Schnabel, wandte sich um und flog wieder weg.

Lilly stürzte gleich zur Tür, öffnete sie und nahm ein kleines schreiendes Bündel in Empfang. Bevor sie sich dem Inhalt widmete, löste sie den Briefumschlag von dem eingewickelten Bündel, öffnete ihn, und sie entnahm ihm die Registrationskarte des Labors. Darauf vermerkt waren die Identifikationsnummer und die Versicherungspolice. Lilly hatte sie schon im Voraus bezahlt, denn sie hatte Befürchtungen, dass dem Kind irgendetwas Schlimmes passieren könnte. Sollte das Unvorhergesehene eintreten, so würde das Labor innerhalb von zwei Wochen eine Nachbildung des Kindes liefern.

Das Labor setzte die Speicherzellen des Gehirns in die Nachbildung ein, und diese Nachbildung besaß dann alles, Emotionen und Erlebnisse des Kindes, sodass kein Unterschied zwischen dem Original und der Nachbildung bestand.

„Ist es nicht süß? “, fragte sie ihren Mann, der gerade hinter ihr stand. „Ist es ein Es, ein Er, oder eine Sie“?, fragte Horst, „Natürlich eine Sie“, erwiderte Lilly, „denn du hast wahrscheinlich schon wieder vergessen, dass wir uns ein Mädchen gewünscht haben“. „Ja, ja, natürlich“, gab Horst zur Antwort, und holte dann den Bestellzettel herbei und prüfte, ob alles auch so geliefert worden war, wie es sich die beiden gewünscht hatten. Das war sehr wichtig, denn sie hatten das Recht, das Kind wieder zurückgehen zu lassen, falls es irgendwelche Reklamationen gab. Aber alles stimmte, das Kind sah sie mit einem braunen und einem blauen Auge an, lächelte, steckte den Daumen in den Mund und lutschte ihn. Es war alles so, wie es sein sollte. Und nun begann das Leben zu Dritt.

Was allerdings nicht geklärt war, war der Name dieser kleinen Dame. Horst dachte an Helena, denn er fand klassische Namen schön. Lilly dagegen hatte andere Absichten, und sie setzte sich, wie gewöhnlich, durch. „Das Kind heißt natürlich Lisa“, sagte sie in einem Ton, mit dem eine Gegenrede ausgeschaltet war. Sie hatte eine zweifache Begründung für diesen Namen. Zuerst war es bedeutend einfacher, das Kinderzimmer mit Laken und Handtüchern auszustatten, denn alle waren Erbstücke aus ihrer Familie, und der Buchstabe L war auf allen eingestickt. Lilly war eben eine praktische Person. Der andere Grund war, dass Lilly ein sehr starkes Familienbewusstsein hatte, denn Lisa war der Name von einem der ersten Applecomputer, der ein GUI, oder Graphical User Interface hatte. Er wurde am 19. Januar 1983 vorgestellt, und Lillys Ur-, Ur-, Ur- Großvater hatte an diesem Projekt als Ingenieur mitgewirkt. Also hieß das Kind Lisa.

Die Ankunft Lisas verursachte nicht allzu viele zusätzliche Schwierigkeiten. Die Drohne Maja und der Hausroboter Ganymed freuten sich riesig über das Kind, und sie passten genau auf, das ihm nichts passierte, denn Lisa wollte schon in jungen Jahren die Welt jenseits des Kinderzimmers erkunden. Einmal kletterte sie auf einen Baum, um Kirschen zu pflücken, kam dann aber nicht wieder herunter. Maja nahm sie dann auf ihren Rücken und brachte sie wieder zurück zur Erde. Ihre Ernährung war in allen Aspekten perfekt, denn auch der Kühlschrank hatte Lisa sehr gerne. Wenn der Vorrat an

Milch, Müsli, oder Obst fast aufgebraucht war, benachrichtigte er sofort den Supermarkt, der sogleich alle diese ernährungswichtigen Lebensmittel per Drohne ins Haus schickte. In der Schule hatte Lisa keine Schwierigkeiten; denn sie lernte das meiste hypnopädisch.

Die Hypnopädie, oder das Lernen im Schlaf, wurde schon im 20. Jahrhundert entwickelt, konnte aber erst im 22. Jahrhundert vervollkommnet werden. Ein Traum der Menschheit war damit in Erfüllung gegangen, denn man konnte vieles ohne Anstrengung oder Mühe erlernen. Im 17. Jahrhundert dachten die Menschen an den Nürnberger Trichter, der den Schülern auf mechanische Weise Wissen ohne jede Anstrengung und Mühe vermittelte. Dadurch wurden aber viele Lehrer arbeitslos, sie rebellierten, riefen zum Streik auf, und die Herrscher des Landes verboten die Herstellung des Trichters, und der Nürnberger Trichter lebte dann nur in der Literatur und dem Wunschdenken von Schülern weiter, die durch das eingetrichterte Wissen sich die Mühlen und Qual des Lernens ersparen wollten. Nach und nach ging dann auch das Wissen des Trichters verloren. Jetzt war es leicht, verschiedene Fächer im Schlaf zu erlernen, wie zum Beispiel mathematische Formeln, Fremdsprachen, besonders Vokabeln, Tabellen und auch Gedichte. Das Wissen wurde im Schlaf übermittelt, und das war auch gut so, denn den Tag konnte man mit anderen Sachen verbringen, wie zum Beispiel mit Fernsehen, mit dem iPad spielen oder auch auf dem Sportfeld. Lisa hatte ein modernes hypopaedisches Gerät, das auch dann funktionierte, wenn es Störungen im Stromnetz gab, denn es konnte auch durch Solarenergie gespeist werden. Und die Lehrer machten keine Einwände gegen das Lernen im Schlaf, denn ihr Grundeinkommen war ja durch den Staat garantiert.

So gingen die Jahre dahin, und bald war die Zeit gekommen, wo Lisa ihren zehnten Geburtstag feierte. Ihre Mutter wollte ihr eine Freude bereiten, und sie hatte ihre Spiegelbildfamilie aus dem All dazu eingeladen. Diese hatte vor zehn Jahren ebenfalls eine Tochter bekommen, die sie Esther nannten. Dieser Name ist altpersischen Ursprungs und bedeutet „Stern“. Die Eltern hatten ihn im *Tanach*, vielleicht der ältesten hebräischen Bibel gefunden, wo er auch auf altpersisch Hadassa heiβt. Sie war mit dem persischen König Xerxes I. verheiratet und bewirkte, dass die in der Zeit der Diaspora lebenden Juden, also Juden, die in der Fremde lebten, vor der Vernichtung bewahrt blieben. Die Familie hatte diesen Namen ausgesucht, weil er nicht nur königlichen

Ursprungs war, sondern auch, weil Esther, oder Hadassa, so altruistisch gewesen war, und Esther war auch eine Frau, die sich durchsetzte. Lisa war hocherfreut, Esther zu sehen, und diese Freude war gegenseitig. Die beiden Mädchen verstanden sich ausgezeichnet und hatten sicher viel zu erzählen. Am Nachmittag gingen die beiden in das Haus der Logik, das gerade heute wieder eine Veranstaltung anbot. Diese bestand darin, logisch zu denken, und wenn jemand sehr gut in der Logik war, erhielt er oder sie schon Vorrang, einen Platz an einer Universität zu erhalten.

Lisa und Esther im Haus der Logik

Zuerst kam die Gruppe der Sieben- und Achtjährigen auf die Bühne. Sie waren etwas aufgeregt, denn es war das erste Mal, dass sie an dieser Veranstaltung teilnahmen. Der Leiter der Veranstaltung bemerkte das, und seine erste Aufgabe war es, ihnen die Angst zu nehmen. Er hatte eine große Tüte bei sich und gab jedem Teilnehmer und jeder Teilnehmerin einen Leckerbissen. Das wirkte, und die Kinder warteten jetzt begierig auf die erste Aufgabe.

Der Leiter ließ sie nicht lange zappeln und gab ihnen ihre Aufgabe: „Ein Vater hatte einmal drei Söhne. Als sie wieder einmal eine Party hatten, sagte er ihnen, dass er 17 Gummibärchen habe. Dem ältesten Sohn würde er die Hälfte geben, dem Zweitgeborenen ein Drittel, und dem Jüngsten ein Neuntel“. Und dann verließ er das Zimmer. Die drei Söhne zerbrachen sich die Köpfe, denn wie war diese Aufgabe zu lösen? Der Veranstalter betrat wieder die Bühne, und sogleich hoben zwei Kinder die Hand, um anzuzeigen, dass sie die Lösung hatten. Sie kleideten aber ihre Antwort in die Geschichte ein und fuhren fort: „In ihrer Not gingen sie zu ihrem Nachbarn, einem alten weisen Mann, den sie alle sehr gern hatten. Dieser hörte sich ihre Notlage an und sagte dann, dass er diese Aufgabe nicht lösen könne, denn sie sei zu kompliziert für ihn. Als sie dann wieder traurig gehen wollten, bemerkte er noch, dass er durch Zufall ein Gummibärchen gefunden habe, das er ihnen ebenfalls zu den 17 geben werde. Sollte etwas übrig bleiben, so würde er es gerne wieder erhalten. Jetzt hatten die Kinder 18 Bärchen, und sie machten sich an die Aufgabe. Der Älteste bekam die Hälfte, also neun, der Zweitgeborene ein Drittel, also sechs, und der Jüngste ein Neuntel, also zwei. Sie addierten alles zusammen und erhielten die Zahl 17.

Dann brachten sie das Gummibärchen des Nachbarn wieder zum Nachbarn zurück, bedankten sich, und gingen glücklich nach Hause“. Der Veranstalter lächelte und gratulierte ihnen. Bevor die Gruppe die Bühne verließ, erwähnte er die Moral dieser Parabel: „Fast alle Probleme sind nicht so schwer wie sie scheinen. Man muss nur etwas nachdenken und um etwas Hilfe bitten, und dann ist die Lösung nicht so schwierig“.

Als die Bühne sich leerte, bemerkte der Veranstalter noch zwei kleine Mädchen, die sehr traurig aussahen. Er näherte sich ihnen und fragte sie nach dem Grund. Eines schaute ihn an und sagte dann: „Wir sind zu spät gekommen, um mitzumachen“. Der Mann lächelte und fragte sie dann, ob sie ihm bei einem Problem helfen könnten. Die Mädchen überlegten nicht lange und gaben ihre Zustimmung. So sagte der Mann, dass er ein Problem habe, das sehr schwer zu lösen sei. Dieses Problem sei folgendes: „Es waren einmal zwei Freundinnen. Diese beiden Freundinnen hatten einen Geldschein von 20 € erhalten (es gab also immer noch Euros), und diese 20 € sollten sie so teilen, dass die eine einen Euro mehr als die andere haben sollte. Ich hab mir lange den Kopf zerbrochen, was die Lösung sei, aber vielleicht könnt ihr mir dabei helfen“. Das eine Mädchen sagte sofort ohne nachzudenken: „Das ist doch ganz einfach. Die eine bekommt elf, und die andere neun“. Der Mann schüttelte den Kopf und sagte, dass es nicht stimme, denn der Unterschied betrage zwei Euro, nicht einen Euro. Das andere Mädchen dachte lange nach und sagte dann: „Ich glaube, ich habe die Antwort. Eine bekommt 9,50 €, und die andere 10,50 €. Das macht zusammen 20 €, und eine bekommt genau einen Euro mehr als die andere“. „Richtig“, erwiderte der Mann, „du hast die richtige Antwort, und du hast mir sehr geholfen bei der Lösung dieses Problems. Zur Belohnung gebe ich dir ein neues Computerspiel, das du zusammen mit deiner Freundin spielen kannst. Viel Vergnügen“. Die beiden Mädchen waren glücklich und gingen gleich fort, um das Computerspiel auszuprobieren.

Dann kam eine Gruppe von etwas schon Fortgeschrittenen auf die Bühne. Sie setzten sich auf die Stühle und warteten, was nun passieren würde. Und sie brauchten nicht lange zu warten. Der Veranstalter schaute sie an und sagte ihnen, dass es nur ein Problem für sie gäbe, und wer dieses Problem lösen könne, erhalte einen Platz an einer der besten Universitäten und eine Studienbeihilfe. Und jetzt das Problem: „Es gibt drei Beutel mit je zehn Münzen. Zwei Beutel enthalten Goldmünzen, die je ein Pfund wiegen. Der dritte Beutel enthält Münzen aus Blei, jede Münze wiegt 1,1 Pfund. Die Aufgabe ist festzustellen, welcher Beutel die Bleimünzen enthält. Es gibt dazu eine Digitalwaage, die man aber nur einmal benutzen darf". Und damit verließ er die Bühne. Die Kinder fingen an nachzudenken, jeder für sich. Einige nahmen ein Stück Papier und einen Stift und schrieben lange Formeln darauf, schüttelten dann aber wieder den Kopf und warfen das Papier in den Papierkorb. Nach einer Weile hob ein Junge die Hand und sagte, dass er die Lösung habe. Als der Veranstalter ihn danach fragte, sagt er: „Ich nehme aus dem ersten Beutel eine Münze und lege sie auf die Waage. Dann nehme ich aus dem zweiten Beutel zwei Münzen und lege sie dazu. Und dann nehme ich drei Münzen aus dem dritten Beutel. Sollte die Waage 6,1 anzeigen, so sind die Bleimünzen im ersten Beutel. Sollten sie 6,2 anzeigen, so sind sie im zweiten Beutel. Sollten sie 6,3 anzeigen, so sind sie im dritten Beutel". Der Veranstalter lächelte und bestätigte die richtige Lösung. Da meldete sich ein Mädchen und behauptete, dass diese Lösung zwar richtig sei, aber nicht elegant. Es gäbe eine viel elegantere Lösung. Der Veranstalter war etwas verwirrt und fragte sie, was sie meine. Das Mädchen erwiderte: „Ich nehme eine Münze aus dem ersten Beutel, und zwei Münzen aus dem zweiten Beutel. Zeigt die Waage 3,1 an, ist die Bleimünze im ersten Beutel zeigt sie 3,2 an, so ist die Münze im zweiten Beutel und zeigt sie 3 an, so sind die Bleimünzen in dem Beutel, aus dem ich keine Münze genommen habe". „Das ist fürwahr richtig", gab der Veranstalter erstaunt zur Antwort, „das ist eine bessere Lösung. Ich schlage also vor, dass ihr beide die richtige Lösung gefunden habt. Zur Belohnung bekommt jeder von euch einen Beutel mit je zehn Honigwaffeln. Lasset sie euch munden".

Und damit war die Veranstaltung zu Ende, die Bühne leerte sich, und auch Lisa und Esther begaben sich nach draußen.

Kryoniker feiern Geburtstag

Auf dem Nachhauseweg mussten die Kinder eine Entscheidung treffen – entweder sie gingen in das Museum der Vergangenheit oder ins Kino. Esther fragte, was es im Museum zu sehen gäbe, denn sie interessierte sich nicht besonders für alte Geschichte. Lisa erklärte: „In dem Museum kannst du die wahre historische Vergangenheit sehen. Nichts ist hier beschönigt oder nett zurechtgemacht; was man hier sehen kann, das ist die nackte Realität. Siehst du, als die Menschen angefangen hatten fernzusehen, ging das Bild nicht vom Studio zum individuellen Empfänger, sondern zum Postamt. Die Menschen hatten ja noch kein Fernsehgerät, und auf dem Postamt konnte man fernsehen. Die elektromagnetischen Wellen flogen in die Stratosphäre und dann in das Weltall. Wir haben hier eine Art kosmischen Staubsauger entwickelt, der die Fernsehprogramme wieder zurück auf die Erde bringt. Heute zum Beispiel gibt es die Sonderreportage der Olympischen Spiele, unter anderen die Spiele von 1936 in Berlin, die damals schon im Fernsehen übertragen wurden. Bei diesen Olympischen Sommerspielen tat sich besonders der Afro-Amerikaner Jesse Owens hervor, der vier Goldmedaillen für das 100 m Rennen, 200 m Rennen, das 4 × 100 m Rennen und den Weitsprung erhalten hatte. Das alles wurde gefilmt, und wir können das Geschehen wieder zurückholen“.

Lisa allerdings war an der Vergangenheit nicht besonders interessiert, und sie erklärte den Grund auch zugleich. Sie hatte gerade in der Schule wieder einer Geburtstagsfeier beigewohnt, und als sie die fragenden Blicke Esthers sah, fügte sie hinzu: „Alle Jahre feiern wir in unserer Geschichtsklasse Geburtstag. Dies ist kein gewöhnlicher Geburtstag, wenn man zum ersten Mal das Licht der Welt erblickt hat. Es ist ein Geburtstag des neuen Lebens. Vor langer, langer Zeit hatten die Menschen auf der Erde den Wunsch, unsterblich zu sein. Leider war dies damals unmöglich. Man wurde geboren; man lebte, man verdiente Geld, man hatte Kinder oder auch nicht, man starb, und man wurde begraben. Einige Leute jedoch hatten Vertrauen in die medizinische Forschung, und sie hofften, dass es in der Zukunft Mittel und Wege geben könnte, die Toten wieder zum Leben zu erwecken. Siehst du, der Tod ist nicht etwas Absolutes; man wird krank, man stirbt, und der Arzt stellt den klinischen Tod fest, denn das Herz schlägt nicht mehr, und die Gehirnwellen kommen zum Stillstand. Menschen, die Vertrauen in die medizinische Forschung haben, lassen sich, besonders ihr Gehirn, nach ihrem klinischen Tod bei -196 °C einfrieren. Diese Leute hoffen, dass die Forschung in der Zukunft in der Lage sein wird, sie wieder zum Leben zu erwecken. Sie werden Kryoniker genannt, nach dem griechischen Wort für Eis oder Frost. Sie hoffen auch, dass die zukünftige medizinische Forschung ihnen einen gesunden Körper geben kann. Die medizinische Forschung ist nach der Entschlüsselung des menschlichen

Genoms in der Lage, die Menschen unsterblich zu machen. Der Tod ist jetzt nicht mehr als ein Warteraum".

„Eine solche Wiedergeburt feierten wir in unserer Geschichtsklasse. Der Verstorbene wurde wieder aufgetaut, mit einem in unserem Labor hergestellten Serum infiziert, und es dauerte nicht lange, bis er die Augen aufschlug. Er blickte langsam um sich und stellte dann wie all die anderen seine erste Frage: ‚In welchem Jahrhundert bin ich jetzt?'. Wir sagten es ihm, und da wir wussten, in welchem Jahr er gestorben war, stellten wir Fragen an ihn, was in seiner damaligen Lebenszeit alles passiert war. Die Antworten, die er gab, waren so furchtbar, dass ich lange Zeit keinen Bissen zu mir nehmen konnte. Stell dir einmal vor: Die Leute führten Kriege, in denen nicht nur Soldaten, sondern auch Zivilisten und auch Kinder getötet oder verletzt wurden. Die chemischen Waffen, die eingesetzt wurden, machten nicht nur die Feinde handlungsunfähig, sondern machten auch Kinder zu Invaliden. Viele Leute hatten nichts zu essen; sie flüchteten über die Meere, und manchmal kenterte ihr Boot, sodass viele ertranken, und die reichen Länder weigerten sich, diese Unglücklichen aufzunehmen, und sie schlossen ihre Grenzen. Die Reichen wurden immer reicher, und die Armen wurden immer ärmer. Die Schulbildung war so teuer geworden, dass sich nur wenige es leisten konnten, eine weiterführende Schule zu besuchen. Diese Zeit war absolut, aber so absolut furchtbar, dass man es sich heute kaum noch vorstellen kann. Als der Mann sein Wissen an uns weitergegeben hatte, wurde er in das soziale Rehabilitationszentrum gebracht, wo er nach und nach lernen musste, andere Ansichten zu akzeptieren, solange sie einem nicht schaden. Das Wort dafür ist Toleranz und Empathie. Nun kannst du sehen, warum mich die Vergangenheit überhaupt nicht interessiert".

Esther dachte einige Zeit darüber nach, was sie gehört hatte. Dann fragte sie Lisa: „Ist diese ganze Sache mit der Langlebigkeit nicht recht kompliziert? Ich glaube, es ist sehr problematisch. Stell dir mal vor, der wiedergeborene Mann hatte eine Lebensversicherung abgeschlossen. Diese wird doch ausgezahlt, wenn der Mann gestorben ist, und die Angehörigen erhalten das Geld. Was passiert nun mit dem Geld, wenn der Mann weiterlebt? Müssen die Erben dann nicht das Geld wieder zurückzahlen? Was passiert, wenn sie das Geld ausgegeben haben? Wie gesagt, alles sehr kompliziert. Und sollte der wieder zum Leben erweckte Mensch abgenutzte Organe haben, die nicht mehr repariert werden können, sondern die mit Plastik- oder Metallteilen ersetzt werden müssen, was ist dann der Unterschied zwischen ihm und einem Roboter, der ja auch aus Plastik und Metall besteht? Vielleicht, dass der Mensch eine Seele hat und der Roboter keine; aber ist die Seele nicht die Gefühlswelt des Menschen und seine geistige Ratio, also das, was man Psyche nennt? Wie dem auch sei; mit der Unsterblichkeit ist ein Traum der Menschheit in Erfüllung gegangen, denn die Menschen wollten schon seit langer Zeit ein ewiges Leben. Das Paradox ist aber doch, wenn die Menschen an ein Weiterleben im Paradies nach ihrem Tod glauben, warum will dann keiner sterben"?

„Ich habe einmal gehört, dass der Grund, weshalb Adam und Eva das Paradies verlassen mussten, nicht darin lag, dass sie vom Baum der Erkenntnis gegessen hatten, sondern dass Gott nicht wollte, dass sie vom Baum des ewigen Lebens essen. Dann wären sie so wie Gott. Nun scheint es so, dass der Mensch durch eine Hinterpforte ein ewiges Leben hat".

Die Kinder entschlossen sich dann, in den Film zu gehen. Angeboten wurde ein Film, der mehrere Filmpreise erhalten hatte. Er hieß „Die Parade der magischen Tiere". Hergestellt war er in dem bekannten ADG-Studio, kurz für Apple-Disney-Google, die schon vor vielen Jahren fusioniert hatten. Es war ein Computerfilm, vor dem eine lange Schlange von Kindern stand, die den Film unbedingt sehen wollte. Sie stellten sich dazu und hatten Glück, die letzten Karten zu bekommen. Dann hob sich der Vorhang, und der Film rollte an. Es war ein Film von Tieren und Tierchen, die es nur in Redewendungen und der Sprache gab.

Die Parade der magischen Tiere

Da war zuerst der Bücherwurm, der eine Menge Bücher auf seinem Rücken herumschleppte. Seine Verwandten, die noch im Entwicklungsalter standen, ächzten und keuchten schwer, denn sie schoben und zogen einen großen Wagen mit den 32 Bänden des DWB. Ganz vorn schritten zwei große grüne Heupferde mit der Aufschrift 1838-1961, denn es hatte nämlich 123 Jahre gedauert, das *Deutsche Wörterbuch* von Jacob und Wilhelm Grimm fertig zu stellen, und Zusatzbände erschienen dann noch später. Sie gingen neben den Leseratten, die ebenfalls ein kleines Bündel von Gedrucktem zwischen ihren kleinen Pfoten hielten. Diese waren aber an sich recht undiszipliniert, denn wenn sie etwas Gedrucktes am Straßenrand sahen, liefen sie sofort hin und verschlangen es. Sie fraßen alles mit einer unerhörten Gier. So zum Beispiel hatte ein Kind das Umschlagpapier eines Jupiterburgers weggeworfen, auf dem man lesen konnte, dass der Gewitterplanet 67 Monde habe, die Jupiterburger aber ebenfalls 67 Zutaten. Und er hatte nur 670 cal! Gleich daneben lag ein Werbezettel für das Venus Croissant mit der Werbeformel: Sei so schlank wie unsere Venus, gönn' dir aber den Genuss, von unserem himmlischen Schokokuss. Nur 270 Kalorien! Die Leseratten fraßen zuerst das Umschlagpapier und dann den Werbezettel.

Die Naschkatze schlich hinterdrein. Sie aß am liebsten Schokoriegel, Kekse, Eis und Gummibären und nicht das, was wirklich nahrhaft war, wie Gemüse und Obst. Aber was ist dieses nahrhafte Essen verglichen mit einem Bienenstich, dessen knusprige, karamellisierte Fett-Zucker-Mandelmasse ihn gut zusammenhält, der wundervoll riecht und noch besser mit Schlagsahne schmeckt! Die Naschkatze hatte einen Hund bei sich, einen kalten Hund, der aus Butterkeksen, Kokosfett und Kakaopulver zusammengesetzt war. Sein Freund war der nasse Hund, der statt mit Blut mit Schlagsahne gefüllt war. Er kam aus dem Geschlecht der Tiramisu-Familie.

Ihm auf den Fersen folgten die Schweineohren, ein süßes Kleingebäck aus Blätterteig, mit weißem Zucker überzogen und mit dunkler Schokolade bestrichen. Die Schoko-Igel, die nach ihnen kamen, sahen sehr putzig aus, und sie trugen ein Schild vor sich, auf dem stand: Nur für Feinschmecker, denn sie schmecken sehr gut. Auch die Marmorschlangen, die sich langsam nach vorn schlängelten, und deren Nuss-Nougat-Schokolinsen hell glänzten, hatten eine kurze Lebenszeit. Die mit Honig gefüllten Alpenzeller Biber waren mit ihren Kindern, den Biberli, zusammen. Diese schauten sich immer um, denn sie wollten mit den kleinen süßen Edel-Marzipanschweinchen spielen.

Etwas langsamer folgte die Gruppe der Schnecken, allen voran die Berliner Apfelschnecke. Dann kamen andere Schnecken, ebenfalls aus süßem Hefeteig gebacken, gefüllt mit Marzipan oder Persipan, vermischt mit Rosinen und Nüssen. Die feineren waren aprikosiert mit erhitzter passierter Marillenkonfitüre, und alle waren glasiert. Es war eine Pracht, sie anzuschauen. Die Katzenzungen lästerten allerdings ein bisschen, besonders die bitterschokoladigen, während die weissschokoladigen und die milchigen sich dezent abseits hielten. Gefolgt wurden sie von Einwanderern aus Übersee, den

Pigs in Blankets, schön gebratenen Würstchen, eingebacken in Brot- oder Brötchenteig. Sie beantragten einen Asylantenantrag in Deutschland und hatten sogar schon einen deutschen Namen: Würstchen im Schlafrock.

Hinterher lief der Angsthase, der sogar vor seinem eigenen Schatten Angst hatte und immer weglief, wenn es Probleme gab. Er hoppelte zusammen mit einigen Osterhasen, die einen Sack mit Eiern und Süßigkeiten auf dem Rücken hatten. Neben ihm liefen die Schmutz- und Dreckfinken, die sehr umweltbewusst waren, denn sie wollten sich nie waschen oder duschen, um Wasser zu sparen. Deshalb sahen sie auch so verkommen aus, genau wie der Schweineigel, der sich ihnen angeschlossen hatte. Die Rabenmutter folgte, umgeben von vier Kindern, die sie immer vernachlässigt hatte, und als man sie dafür tadelte, Krokodiltränen weinte. Hoch geehrt war jedoch der stolze Klammeraffe, der in der Computertechnologie einen Ehrenplatz eingenommen hatte, und der gewöhnlich Briefe und Nachrichten unter seinem Pseudonym @ ausschickte.

Genauso stolz war die Zimtzicke. Sie ärgerte sich aber, dass man sie auch Hausdrache oder Giftspritze nannte, als eine Frau, die andauernd meckert. Sie hatte sich mit der Spinatwachtel angefreundet, die ebenfalls bedauerte, als altes, dürres, grimmiges Weib zu gelten. Die beiden waren oft zänkisch, denn der Spaßvogel erlaubte sich manchen Spaß mit ihnen. Der Spaßvogel musste allerdings aufpassen, denn an der Leine führte er die blinde Kuh, die einem Gesellschaftsspiel entsprungen war und lauter blaue Kneifflecken an ihrem Körper hatte.

Fast am Schluss liefen das Sparschwein und der Pleitegeier, die trotz ihrer Verschiedenheit doch sehr viel gemeinsam hatten; wenn man nicht spart, dann ist man eben pleite im Alter. Gefolgt wurden sie von der langsamen Treppenraupe, wie ein Rettungswagen, denn einige hatten Schwierigkeiten mit dem Laufen. Auf ihr saß ein Muskelkater. Begleitet wurde er von einer Schmusekatze, die sehr menschenbezogen, liebevoll und zärtlich war und immer gestreichelt werden wollte, wozu der Muskelkater aber keine Lust hatte.

Ganz am Ende kamen einige „Lego"-Tierchen, zusammengesetzte Tier-Teilchen, die sich großer Beliebtheit erfreuten. Dazu gehörte eine Schar von Gänsefüßchen, die stolz auf ihre Führungsqualitäten waren, denn man nannte sie auch Anführungszeichen. Sie versuchten vergeblich im Takt zu schreiten, da sich zwischen den öffnenden und den schließenden Gänsefüßchen alle möglichen und unmöglichen Elemente mischten. Zum Beispiel die Krähenfüße, die in zwei Gruppen kamen. Die eine Gruppe war schon recht betagt und hatte sichtbare Alterserscheinungen mit Fältchen um die Augen. Die andere Gruppe dagegen war jung, aggressiv und ging alle möglichen und unmöglichen Risiken ein. Sie sahen wie Fußangeln aus und hatten sich mit mehreren metallenen Dornen umgeben, die die Auto- und Fahrradreifen platzen ließen. Sie waren dem Wörterbuch entsprungen, gleich unter dem Eintrag N für Nagelsperre. An der Seite standen ein paar Backfische, die fast ausgestorben waren, denn sie wurden abgelöst, zuerst durch die Halbstarken, und dann durch die Teenager. Nur ein paar waren noch übrig geblieben, was sie nicht hinderte, mit dem gierigen Lustmolch zu schäkern. Dieser war aber in Konkurrenz mit den geölten, angeberischen und arroganten Lackaffen, die alleine herumstanden, denn keiner hatte sie gerne.

Als der Film zu Ende war, klatschten sehr viele und jeder raste los in das Foyer, wo sie alles kauften, was sehr gut schmeckte, aber nicht besonders nahrhaft war. Besonders die Gummibärchen und Schokoriegel waren sehr begehrt, aber Lisa erstand einen Schokoriegel und Esther einen Schoko-Igel. Auch für die Erwachsenen, die den Film gesehen hatten, gab es etwas: Eine kalte Ente, die aus Wein und Sekt bestand, und der eine Zitronenschale noch einen erfrischenden Geschmack gab.

Lisa und Esther begaben sich dann nach Hause, wo ihre Eltern schon mit dem Essen auf sie warteten. Lisa und Esther hatten keinen besonders großen Hunger, aber aßen tapfer mit. Am nächsten Tag kam der Tag des Abschieds. Sie fuhren zum Raumschiffhafen, umarmten sich noch einmal, und versprachen hoch und heilig, sich wiederzusehen. Lisa machte dann auch einen Vorschlag, nämlich ins Museum der Gebrüder Grimm in Kassel zu gehen. Dort konnte man nicht nur die Faksimiles des *Deutschen Wörterbuches* bewundern, sondern auch in den Märchenwald gehen, in dem die Bäume zu einem sprachen. Esther nickte begeistert mit dem Kopf: „Ja, das ist fein. Wir sind im nächsten Jahr wieder hier“. Und ihre Eltern stimmten ihnen zu.

Nach dem Essen begab sich Lisa gleich ins Bett, denn es war ein anstrengender Tag für sie gewesen, und sie war müde. Lilly entschuldigte sich und ging ins Nebenzimmer, wo sie das alte Hummerkostüm aufbewahrt hatte. Sie konnte nach all den Jahren noch leicht in das Kostüm hineinschlüpfen, denn sie hatte ihre gute sportliche Figur behalten. Die Hummerfrau ging auf Horst zu und umarmte ihn. Ihre Knackscheren drückten ihn fest an ihre Brust, und ihre Fühler liebkosten sein Gesicht. Sie hatte sich diese Überraschung ausgedacht, denn heute war der Jahrestag ihrer Bekanntschaft, als sie sich ihm als Hummerfrau präsentierte. Er hatte dieses Datum natürlich vergessen, denn Männer sind in solcher Beziehung ja sehr vergesslich, aber jetzt erinnerte er sich daran. Er schaute seine Lilly so liebevoll an wie beim ersten Mal, und er war sehr glücklich, dass sie Ja gesagt hatte. Und als er zu dem Gemälde an der Wand hinaufschaute, wo die Geburt der Venus hing, glaubte er zu sehen, dass diese Göttin der Liebe genauso liebevoll auf Lilly hinabschaute wie er selbst. Und am Ende war alles so, wie es sein sollte.

REFERENZEN

Für den ersten Teil:

Mein besonderer Dank geht an Dr. Bielke, der bis 1945 an Schulpforta, heute Landesschule Pforta, einem Internatsgymnasium für begabte Schüler, unterrichtet hatte. Diese Institution zählte u.a. Johann Gottlieb Fichte, Friedrich Nietzsche, Leopold von Ranke und Ulrich von Willamowitz-Moellendorff zu ihren Schülern. Zwischen 1935 und 1945 wurde die Schule zu einer Nationalpolitischen Erziehungsanstalt (NAPOLA) umgewandelt. Nach 1945 geht an Dr. Bielke auf das humanistische Heinrich-Schliemann-Gymnasium über, wo er bis 1950 mein Lehrer für Griechisch wurde. Er erweckte in uns, in der Klasse und der Arbeitsgemeinschaft, die Liebe zur griechischen Kultur, besonders zu den griechischen Dramen und der griechischen Mythologie, die mich mein ganzes Leben lang begleitet hat.

Für zusätzliche Informationen sind folgende Werke empfohlen:

Abenstein, Reiner
Griechische Mythologie
Paderborn: Ferdinand Schöningh, 2016

Fayé, Nicolas
Griechische Mythologie für Anfänger
Noderstedt: Books on Demand, 2016

Graf, Fritz
Griechische Mythologie. Eine Einführung
Mannheim: Bibliographisches Institut, 2012

Hart, Georg
Griechische Mythen. Aus dem Englischen übersetzt von Ingrid Rein
Stuttgart: Reclam, 2016

Hunger, Herbert
Lexikon der griechischen und römischen Mythologie
Reinbek bei Hamburg: Rowohlt, 1983. Erw. und erg. Auflage

Inkiow, Dimiter
Die Heldentaten des Herkules: Hörspiel
Dortmund: Igel Records, 2017

Jünger, Georg Friedrich
Griechische Mythen. Hrsg. und mit einem Anhang vers. von Ernst A. Schmidt
Frankfurt/M: Klostermann, 2015. 6.,erw. Auflage.

Lewin, Waltraut
Griechische Sagen. Ausgewühlt und neu erzählt von Waltraut Lewin
Bindlach: Loewe, 2013. Überarbeit. Neuauflage

Stephanides, Menelaos
Die Götter des Olymps. Neu erzählt. Übersetzung aus dem Griechischen von Christina Tell
Athena: Sigma, 2015

Tetel, Reiner; Uwe Wittmeyer
Griechissche Götter und Heldensagen: mit Stammtafeln der Götter und Helden
Stuttgart: Reclam, 2015

Werner, Paul
Inseln, Mythen und Geschichte(n): auf der Solskin durch griechische Gewässer
Kusterding: Ballistier, 2016

Referenzen für den zweiten Teil und Anregungen zum Weiterlesen:

Year Million. National Geographic Channel

Ein Dokumentardrama in sechs Teilen als Fernsehdarbietung, dessen erster Teil am 15. Mai 2017 über den National Geographic Channel ausgestrahlt wurde. Gezeigt wird die Reise eines jungen Paares in die nicht so ferne Zukunft, die sich von unserer Zivilisation und unserem jetzigen Wissen unterscheidet, obwohl Ansätze zu dem Leben in der Zukunft auf unserem Planeten und in fernen Galaxien schon jetzt vorhanden sind. Vorgestellt werden die Möglichkeit eines ewigen Lebens, die Verbindung des Bewusstseins in einer *virtuellen cloud*, die Suche nach anderen Universen und das Leben auf ihnen, das Vorhandensein schwarzer Löcher, von Wurmlöchern und von einer *dark matter*, einer dunklen

Materie, die im gesamten Universum zu finden ist. Es kann somit angenommen werden, dass der *big bang*, der Urknall, der die gemeinsame Entstehung von Materie, Raum und Zeit hervorbrachte, kein einmaliges kosmologisches Ereignis gewesen ist, sondern sich im Laufe der Evolution über groβe Zeitdimensionen hinweg öfters wiederholt.

Sollte die Menschheit unseres Planeten als Folge von Naturkatastrophen die Erde verlassen müssen, so bietet das Leben auf anderen Gestirnen und in anderen Galaxien enorme Möglichkeiten wie auch die Gefahr des Vergehens. Für das Überleben des homo sapiens, wenn auch in einer anderen Form, ist vor allem seine Anpassungsfähigkeit, eingeschlossen die Manipulierung seiner DNA, wichtig, sodass die Menschen durch Kiemenbildung unter Wasser dem Blut den Sauerstoff zuführen können.

www.theyearmillion.com
www.faceboook.comtheyearmillion

*

Könneker, Carsten (Hrsg.)
Unsere digitale Zukunft. In welcher Welt wollen wir leben?
Berlin: Springer-Heidelberg, 2017.
Erschienen auch als Online-Ausgabe: *Unsere digitale Zukunft*

Krone, Anne-Kathrin
Erde und Zukunft der Vernunft: Geschichte als Entsubjektivierung des Menschen in der Maschine. Hochschulschrift
Marburg: Tectum Verlag, 2016
Erschienen auch als Online-Ausgabe: ISBN: 9783828863927

Lemke, Judith
„Selbst ist das Dorf [Zukunft auf dem Land]"
FAZ vom 24. Juni 2017.

Neuhaus, Wolfgang.
„Eine kurze Zukunftsgeschichte der Technologie.
Die Wissenschaftsliteratur des Freeman Dyson".
In: Sascha Mmocsak, Sebastian Pirling, Wolfgang Jeschke (Hrsg.). *Das Science Fiction Jahr 2014*. München: Heyne, 2014 S. 485-501.

Ram, Walter
Natürliche Sterblichkeit — ein Auslaufmodell?: wie man mit Gentests und Keimbahntherapie den ‚schönen neuen Menschen' basteln will. Anhang: *Die Zukunft hat schon begonnen mit CSRPR-Cas 9*
Weinheim: Aktion Leben e.V., 2016

Schmiecher, Frank
„Die Zukunft der Menschheit wird fantastisch"
Die Welt. Digital Zeitung. N24. 07.01.2013

Stahl, Alexandra
„Was werden wir in Zukunft essen?"
Die Welt. Digital Zeitung. N24. 16.01.2012

Stucki, Saskia
„Sind die Menschenrechte der Zukunft noch Menschen-Rechte?"
Völkerrechtsblog. 13.05.2014.

W.I.R.E. Think Tank für Wirtschaft, Gesellschaft und Life Sciences (Hrsg.)
Die Zukunft ist unser: Szenarien für den Alltag von Übermorgen
Zürich: Verlag Neue Zürcher Zeitung, 2014
Link zum Datensatz: http://d-nb.info/1058087916

Printed by Books on Demand GmbH, Norderstedt / Germany